Nas Montanhas do Tibete

Nas Montanhas do Tibete

Pelo espírito
JULIUS

Psicografia de
MÔNICA ANTUNES VENTRE

LÚMEN
EDITORIAL

Nas montanhas do Tibete
pelo espírito Julius
psicografia de Mônica Antunes Ventre
Copyright © 2017 by
Lúmen Editorial Ltda.

1ª edição – agosto de 2017

Direção editorial: *Celso Maiellari*
Direção comercial: *Ricardo Carrijo*
Preparação de originais e revisão: *Celso Maiellari*
Projeto gráfico e arte da capa: *Ricardo Brito | Estúdio Design do Livro*
Imagem da capa: *Yangchao | Shutterstock*
Impressão e acabamento: *Orgrafic Gráfica*

Dados Internacionais de Catalogação na Publicação (CIP)
(Câmara Brasileira do Livro, SP, Brasil)

Julius (Espírito).
  Nas montanhas do Tibete / pelo Espírito Julius ; psicografia de Mônica Antunes Ventre. – São Paulo : Lúmen Editorial, 2017.

  ISBN 978-85-7813-181-4

  1. Espiritismo 2. Psicografia 3. Romance espírita I. Ventre, Mônica Antunes. II. Título.

17-06847   CDD-133.9

Índice para catálogo sistemático:
1. Romance espírita psicografado : Espiritismo   133.9

Rua Javari, 668
São Paulo – SP
CEP 03112-100
Tel./Fax (0xx11) 3207-1353

visite nosso site: www.lumeneditorial.com.br
fale com a Lúmen: atendimento@lumeneditorial.com.br
departamento de vendas: comercial@lumeneditorial.com.br
contato editorial: editorial@lumeneditorial.com.br
siga-nos no twitter: @lumeneditorial

2017
Proibida a reprodução total ou parcial desta
obra sem prévia autorização da editora

Impresso no Brasil – *Printed in Brazil*

SUMÁRIO

1. UMA GRANDE DECEPÇÃO, *7*

2. DIFÍCIL DECISÃO, *15*

3. CONHECENDO O TIBETE, *27*

4. ANDRÉ, *35*

5. NOVA AMIZADE, *45*

6. UM NOVO SENTIMENTO, *59*

7. DE VOLTA PARA CASA, *69*

8. HORA DE RESOLVER PROBLEMAS, *79*

9. NO CENTRO ESPÍRITA, *89*

10. A SEPARAÇÃO, *99*

11. TOMANDO DECISÕES, *109*

12. A VIDA VAI DANDO VOLTAS, *121*

13. REENCONTRO, *133*

14. A VIDA TRAZ MUDANÇAS, *141*

15. OTÁVIO EM APUROS, *149*

16. LUÍSA FICA ABALADA, *157*

17. BREVE RETORNO AO PASSADO, *167*

18. TEMPESTADE E BONANÇA, *177*

19. LUÍSA VAI AO RIO DE JANEIRO, *189*

20. AFLIÇÃO PARA UNS, ALEGRIA PARA OUTROS, *199*

21. NASCE O AMOR, *207*

22. NOVOS TEMPOS, *217*

23. PLANOS E PROJETOS, *223*

24. O AMOR EM PRIMEIRO LUGAR, *233*

UMA GRANDE DECEPÇÃO

Os monges começavam a se retirar de sua última oração daquele dia. Cada qual iria para seus aposentos dentro do mosteiro. O silêncio se fazia presente em cada canto nas montanhas do Tibete. A natureza era o reflexo da bondade de Deus e tudo era perfeição. A vida religiosa que se seguia ali era muito austera e tranquila, em contraste com a modernidade do mundo atual. A simplicidade fazia com que cada monge fosse um símbolo a ser seguido. A alma era enriquecida com as orações, e o corpo, com a alimentação saudável que era cultivada no próprio mosteiro, sem agrotóxicos ou influência das indústrias dos grandes centros.

Cada detalhe dentro do mosteiro não era esquecido. A dedicação de todos se fazia presente em cada hora do dia, seja nas palavras pronunciadas, nos mantras entoados ou na mente, quando ela silenciava.

E era para este lugar que se dirigia Luísa. Queria esquecer tudo que havia vivido até então.

Estava cansada da falta de sinceridade das pessoas. Não queria se enganar com mais ninguém. Certa vez, viu uma matéria em uma revista sobre o Tibete e ficara encantada. Pensou consigo mesma: "Será verdade que aqueles monges vivem naquela rotina tão fora do padrão atual?"

Não sabia se conseguiria ver de perto ou entrar em algum mosteiro, mas só de ver a paisagem até então, sentiu que aquilo já estava lhe fazendo muito bem.

O ar puro das montanhas era indiscutivelmente inigualável, se comparado com o de São Paulo. Sim, porque não pretendia mais voltar, se dependesse dela. Não confiava em mais ninguém e queria mudar de vida.

Dedicara-se tanto e para quê? Seu marido e sócio na empresa de contabilidade a traíra com uma das funcionárias.

Ela havia se dedicado tanto quando ele lhe propôs abrir a empresa! Trabalhara muito na abertura e organização inicial do negócio. Luísa e o marido estavam casados há quatro anos e o desemprego era grande. Ele não conseguia arrumar nada. Era engenheiro civil, mas, embora seu currículo fosse muito bom, não aparecia nenhuma chance com a qual Otávio ficasse satisfeito. O problema sempre era o salário. Argumentava que ele merecia mais pelo seu trabalho e recusava-se a ganhar o que as empresas podiam pagar naquela conjuntura econômica difícil. Desta forma, teve a ideia de falar com Luísa para abrirem um escritório de contabilidade, já que ela era contadora formada e ganhara muita experiência no seu atual trabalho.

Luísa, no início, titubeou um pouco, sabia que era arriscado. Mas quis ajudar o marido e pediu demissão. Todos os companheiros de trabalho ficaram muito abalados quando Luísa saiu do escritório de contabilidade para abrir o seu, mas ela estava decidida a ajudar Otávio. Nos últimos tempos, era ela quem segurava e controlava o orçamento da casa. E seria bom para o marido que ele trabalhasse e ajudasse mais.

Finalmente, montaram o escritório e ele cresceu em pouco tempo. Logo o número de funcionários dobrou e foi necessário abrir uma filial devido ao movimento.

Daí as coisas começaram a mudar. Com o tempo, Otávio passou a chegar mais tarde em casa. Antes vinham juntos, mas depois Otávio foi dizendo que precisava acabar com o serviço pendente, que iria verificar uma conta com mais detalhe e outras desculpas. Luísa já havia se acostumado com tal comportamento. Até ficou contente, pois pensava que ele, realmente, estava se dedicando ao escritório e aos clientes. Jamais lhe passou pela cabeça estar sendo traída por uma funcionária.

Descobriu tudo por acaso, quando esqueceu o celular em uma gaveta de sua mesa de trabalho. Não iria adiantar pedir para Otávio trazê-lo, pois Luísa sempre trancava o móvel com chave. Então, decidiu ela mesma voltar ao escritório para pegá-lo. Os funcionários já tinham ido embora e acreditava que até mesmo Otávio não estivesse mais lá, já estava ficando escuro e a noite se aproximava. Ao chegar à empresa, para sua estupefação, quando acendeu a luz da sala que dividia com Otávio, surpreendeu o marido e a tal funcionária aos beijos e praticamente sem roupa. Sua perplexidade foi tamanha que até esqueceu-se do que havia ido fazer lá e saiu sem o celular. Ficou tão abalada que também deixou sua bolsa no escritório. Saiu somente com a chave do carro e foi dirigindo em disparada, acelerando o mais que podia. Queria sair dali o quanto antes.

A cabeça de Luísa girava e não conseguia pensar direito depois da cena que havia visto. Queria sumir, desaparecer. Só depois de muito andar de carro é que se deu conta de que a gasolina estava acabando e havia deixado a bolsa no escritório. Parou no posto para abastecer, mas ao ver que não tinha como pagar, começou a chorar. O frentista, sem entender nada, achou estranho seu comportamento. Pensou, cismado: "Será que ela está fingindo, querendo se passar por coitada, e sair sem pagar? Ah, mas isso não vou deixar." Chamou o gerente do posto, que percebeu que aquilo não era um golpe. Ofereceu um copo de água para Luísa, que saiu do carro trêmula, enquanto o frentista estacionava o veículo mais adiante.

Aos poucos, Luísa foi se acalmando e conseguiu falar que havia esquecido a bolsa no escritório. Perguntou se podia ligar para uma amiga vir socorrê-la, pagando a conta. Ligou, sem dar maiores detalhes:

— Renata, sou eu, Luísa. Estou com um problema, minha amiga. Estou sem dinheiro para pagar a gasolina do carro num posto. Pode vir aqui me ajudar?

Renata estranhou aquela situação, mas como Luísa era sua amiga de infância e a conhecia bem, percebeu que algo deveria estar acontecendo.

Em pouco tempo, Renata chegou ao posto de gasolina e viu Luísa com o rosto inchado e vermelho de tanto chorar.

— O que aconteceu, Luísa? Nossa, fiquei assustada. Pensei que fosse um sequestro, um assalto, sei lá...

Luísa pediu que, primeiro, a amiga pagasse a conta, para depois irem a outro lugar que ela lhe contaria tudo. Assim fizeram e se dirigiram para um café não muito longe dali.

Luísa, então, começou a contar tudo que o que havia visto, entre soluços e muito choro:

— Minha amiga, foi como se o chão se abrisse. Entrei naquela sala e vi aquela cena repugnante, as roupas jogadas e Otávio aos beijos com nossa funcionária. Como é que pode, Renata? Eu não acredito que isso esteja acontecendo! Fiz tudo para ajudar Otávio, saí do meu emprego, e para quê? Para receber uma traição como agradecimento?

— Meu Deus, Luísa! O que você está me contando? O Otávio te traindo?

Renata estava boquiaberta. Imaginava como a amiga deveria estar se sentindo. Se fosse com ela, Renata, não saberia o que fazer. Só sabia que não sairia de lá correndo: partiria para cima dos dois, provavelmente cega de raiva. Mas Luísa não era tão impulsiva como Renata. Era mais equilibrada e coerente. Embora muito diferentes, as duas se tornaram amigas ainda na infância e uma sempre procurou ajudar a outra. Eram como irmãs. Bem, talvez se fossem irmãs, não se entenderiam tão bem! Luísa tinha uma irmã de sangue, mas a via pouco. Quando se viam, o contato era frio e distante. Ela perguntava para si mesma se realmente eram irmãs. E Renata tinha um irmão mais velho, casado, e se entendia bem com ele. Adorava os dois sobrinhos e sempre mimava as crianças, comprando tudo para eles, motivo este de sérias desavenças entre ela e a cunhada.

Após Luísa contar tudo, e agora um pouco mais calma, pediu a Renata que fosse com ela buscar sua bolsa. Certamente não estariam mais lá, mas, quem sabe?

— Vou precisar de sua companhia, minha amiga. Não quero voltar lá sozinha e correr o risco de encontrar os dois novamente.

— Claro, eu te acompanho.

Saíram do café e foram ao escritório. Luísa foi atrás de Renata dirigindo. A amiga havia insistido para que Luísa deixasse o carro no posto e o pegasse só no dia seguinte, mas ela não concordou, disse que já estava melhor para dirigir.

Fizeram o percurso com toda a atenção para não se distanciarem uma da outra em meio ao tráfego.

Chegando lá, Luísa pediu para que Renata entrasse sozinha. Queria ficar esperando no carro. Seus pensamentos, então, começaram a fervilhar novamente. Agora, parada em frente ao escritório que ajudara a montar com Otávio, pensava arrependida: "Para quê? Meu Deus, montamos tudo isso e para quê? De que adiantou tanta dedicação? Para ter este troco? Se soubesse, não teria saído do meu emprego." E algumas lágrimas de raiva desciam em seu rosto.

Enquanto Luísa ficava ali perdida em seus pensamentos, Renata entrava no escritório. Foi até a sala onde Luísa havia dito que estava sua bolsa, com cuidado e apreensão. Tudo parecia em ordem ou, pelo menos, sem o reflexo de que algo acontecera ali minutos atrás. Pegou a bolsa, abriu a gaveta da mesa de Luísa, pegou o celular que ela havia esquecido e que fora o motivo de toda essa situação, fechou o escritório e rapidamente saiu. Não queria deixar nenhuma pista de que estivera lá. Afinal, era um momento delicado que só o casal poderia resolver.

Luísa conferiu para ver se tudo estava lá e voltaram, ela agora na frente e Renata a seguindo. Luísa iria para sua casa, mas não queria ficar mais lá. Resolveu que pegaria suas coisas e, mais tarde, ligaria para Renata. A amiga teve receio de deixar Luísa voltar sozinha, mas ela garantiu que estava bem, nada de grave aconteceria. Aliviada, Renata então concordou, pois também não queria mais entrar na casa dela.

Despediram-se, Luísa agradeceu à amiga com um forte abraço e Renata foi embora, colocando-se à disposição para qualquer coisa e a qualquer hora.

Luísa, então, guardou o carro na garagem do prédio, respirou fundo e se preparou para subir. Acreditava que Otávio estaria esperando por ela no apartamento. Não queria mais vê-lo, mas sabia que isso ainda iria acontecer, pelo menos uma última vez.

DIFÍCIL DECISÃO

O edifício em que Luísa e Otávio moravam era de alto padrão. Luísa, antes de subir, foi se certificar com a portaria do prédio:

— Boa noite, Francisco. Você viu se o Otávio já chegou?

— Boa noite, dona Luísa. Sim, o seu Otávio chegou, mas não sei se está aí ou deu uma saída.

— Tá certo, obrigada, Francisco. Bom trabalho para você.

— Obrigado, dona Luísa. Se precisar de alguma coisa, é só interfonar.

Ela, mais uma vez, tomou fôlego e subiu. Estava um pouco ofegante, mas queria aparentar tranquilidade.

Até porque já fazia algum tempo de todo o acontecido. Era quase uma hora da madrugada naquele momento.

Assim que entrou, encontrou Otávio sentado no sofá. Ele olhou para a esposa e pediu:

— Luísa, precisamos conversar... Preciso explicar...

— Explicar? Explicar o quê, Otávio? — respondeu Luísa com a voz um pouco trêmula. — Acho que não há nada para ser dito, não é verdade? A cena que vi já fala por si só!

— Veja, Luísa, eu queria...

— Queria o quê? Queria continuar tendo um caso sem que eu descobrisse? Queria me fazer de boba sem que eu atrapalhasse seus encontros? Queria me enganar por mais tempo? Não foi o suficiente?

Otávio ouvia tudo de cabeça baixa.

— Que decepção, Otávio! Tantos anos de dedicação para isso? Para ver meu marido me traindo com uma funcionária do escritório que nós dois montamos juntos? Você ainda tem muito o que aprender, Otávio...

Luísa começou a arrumar sua mala.

— Aonde você vai? — perguntou o marido, ainda sem muita reação diante dos fatos incontestáveis.

— E por que quer saber? Está muito preocupado comigo? Não te interessa o que vou fazer. A partir de hoje, me esqueça!

Ele baixou a cabeça novamente e foi para a sala. Otávio não era um homem que gostava de discutir. Tinha um temperamento até calmo, mas percebeu que não conseguiria reverter a situação, pelo menos naquele momento. Deixaria que as coisas se acalmassem. Ele mesmo não sabia o que queria. Ambos tiveram momentos bons na vida de casados. Luísa era uma boa companheira, mas a rotina do casamento era algo com que ele não sabia lidar. Não era a primeira vez que Otávio se envolvia com mulheres. Luísa nunca soube de nada, nunca havia demonstrado um pingo de desconfiança em relação ao marido. Mas agora, a máscara de Otávio havia caído. Ainda tentaria, com mais calma e noutro dia, achar um meio de resolver tudo aquilo.

Luísa, ao contrário de Otávio, já tinha sua decisão tomada e não tinha dúvidas do que iria acontecer dali para frente. Para ela, tudo estava acabado e não havia mais nada para ser conversado.

Mais uma vez, ele perguntou para onde ela iria e, de novo, ela não respondeu. Só informou, resoluta, que, mais tarde, viria pegar o que estava faltando, e que ele esperasse seu advogado entrar em contato para acertar tudo o fosse preciso.

Luísa saiu deixando a porta aberta. Iria para um hotel. Achou melhor não ir para a casa de sua mãe, até porque ela deveria estar dormindo e não estava com paciência para explicar agora tudo o que aconteceu, não queria incomodar a esta hora da madrugada. Queria mais é ficar sozinha e pensar em tudo. E chorar, chorar e chorar.

Acabou indo para um flat e deixou-se cair na cama. O choro veio convulsivamente. Pensou, entre soluços: "Por que ele fez isso comigo, meu Deus? Será que ele não me ama mais? Será falta de maturidade? Por que essa tempestade agora?"

Tentava arrumar respostas, mas não conseguia chegar a uma conclusão. Lembrou-se dos anos de união e do casamento. A festa havia sido tão linda! Lembrou-se também das juras de amor eterno no altar. "Tudo mentira, mentiroso, mentiroso!", dizia em voz alta aumentando ainda mais seu sofrimento. "Mas nunca mais vou me relacionar com alguém. Nunca mais vão se aproveitar de mim e me fazer de boba. Não, isso não vai acontecer nunca mais", prognosticava para si mesma, tentando traçar para si um caminho de falsa felicidade naquele momento de desestabilização.

Depois de muito chorar, pegou no sono, vencida pelo cansaço do dia de trabalho e da tristeza em seu coração. Foram muitas emoções misturadas e surpreendentes...

*

No dia seguinte, já perto da hora do almoço, o celular de Luísa tocou. Era Renata, querendo notícias sobre o que havia acontecido na noite anterior. Disse que havia ligado para a casa dela e falado com Otávio. Ele mesmo ainda não havia saído para trabalhar. Disse que ficaria em casa e passaria no escritório só depois do almoço. Estava sem condições de resolver outros problemas.

Renata, então, contou que começou a ligar, angustiada, para o celular de Luísa e, por pouco, não conseguiu falar com ela, pois sua bateria estava acabando.

Luísa comentou que estava num flat e estava bem, apesar de todo transtorno. Passou o endereço para a amiga e avisou que tomaria um banho até que ela chegasse. Ficariam juntas neste momento de dor.

A água quente fez muito bem para Luísa. Seu corpo todo doía e seu rosto estava inchado de tanto chorar. Um bom banho ajuda muito a lavar a alma também. Estava mais leve agora.

Depois de alguns minutos, o interfone de seu apartamento tocou anunciando a subida da amiga. Destrancou a porta para que Renata entrasse.

— Bom dia, Luísa. Está melhor?

— Oi, Renata. Dentro das possibilidades, estou indo...

Renata viu que, embora Luísa estivesse abatida, aparentava estar mais calma. Perguntou se a amiga havia comido alguma coisa e Luísa disse que não.

— Você precisa se alimentar, Luísa. Vai ficar doente se não comer e ficar só mergulhada nesse problema.

— Eu sei, estou tentando me recompor, mas não tenho muita fome — respondeu Luísa, sem muito ânimo.

— Nada disso! Não vou deixá-la ficar em jejum e desmaiar na primeira esquina.

— Obrigada por estar aqui, Renata — disse Luísa sorrindo e abraçando carinhosamente a amiga.

— Como dizem por aí, amiga é para essas coisas. Ou não é?

Conseguiram rir um pouco.

Renata, então, pediu um café da manhã reforçado, com frutas, pães, frios e leite para que Luísa se alimentasse, apesar de ela reafirmar que não estava com fome. Mas Renata insistiu para que comesse alguma coisa.

Luísa comeu pouco, mas, pelo menos, agora estava alimentada. Ontem não havia jantado e, para qualquer decisão que fosse tomar no dia de hoje, realmente precisava estar em pé, firme. Para isso, era fundamental alimentar-se.

Após o desjejum, Renata e Luísa sentaram na saleta para conversar.

— O que você pretende fazer agora, Luísa? Sei que ainda é tudo muito recente, mas...

— Sim, Renata, as imagens ainda estão vivas em meus olhos. Mas não quero ficar adiando muito as decisões a serem tomadas.

— Você vai conversar com o Otávio, antes de decidir algo, para não se arrepender depois?

— Me arrepender? Do quê? De não ter dado uma nova chance a um homem que fez tudo aquilo? Não quero ficar vendo a cara do Otávio a vida inteira e ter que ficar relembrando esse episódio ridículo. Acho que não tenho a capacidade de esquecer facilmente uma coisa dessas.

— Então, o que vai fazer?

— Bem, pensei em chamar o meu advogado aqui no flat mesmo e pedir para que ele trate do divórcio e da divisão dos bens urgentemente. Quero que tudo fique resolvido logo.

— E quanto ao escritório? — perguntou Renata. Ela sabia que Luísa havia deixado um bom emprego para entrar nesse sociedade com o marido.

— Quero ficar com um deles. Qualquer um, matriz ou filial. Sempre trabalhei e vou continuar trabalhando, mas não vou deixar uma empresa montada para o Otávio. Aliás, vamos dividir tudo: o apartamento, os carros e pertences da casa.

— Você não vai mais morar em seu apartamento? E se o Otávio sair? — quis saber a amiga.

— Não importa, Renata, não quero mais morar lá. Existem muitas lembranças daquele apartamento. Quero iniciar fase nova.

— Estou gostando de vê-la mais equilibrada, Luísa. Estou com você nessa...

— Obrigada, Renata. Você é uma irmã para mim.

Abraçaram-se novamente. As coisas começavam a andar.

Luísa disse que pretendia viajar por tempo indeterminado. Não sabia ainda para onde, mas queria refletir em paz sobre o que seria sua vida de agora em diante. Pretendia ir sozinha e, quem sabe, em uma próxima viagem, levaria sua mãe.

Renata concordou, aquilo fora demasiadamente triste para sua amiga e aquela viagem talvez pudesse lhe ajudar de alguma forma. Às vezes, é necessário dar um tempo e mudar de ares.

Conversaram mais um pouco e Luísa ligou para seu advogado.

— Bom dia, Cláudio. Tudo bem?

— Como vai, Luísa. Em que posso ajudar?

— Quero fazer uma reunião com você. Vou lhe passar o endereço, estou aqui num flat. Se pudermos marcar hoje, logo depois do almoço, agradeço.

— Sim, Luísa, sem problemas.

Cláudio estranhou Luísa estar num flat. Era seu advogado nas questões da empresa. Aliás, dela e de Otávio, por isso desconfiou daquele ligação. Imaginou que algo grave tivesse acontecido. Anotou o endereço e marcou a reunião.

Passado o almoço, eram duas e meia quando Cláudio chegou e foi autorizado pela portaria para subir. Assim que Luísa abriu a porta, Cláudio logo percebeu que ela estava abatida. "Realmente alguma coisa séria aconteceu, nunca vi Luísa com essa cara", pensou o advogado.

Após os cumprimentos, acomodaram-se na sala e se sentaram. Luísa ofereceu um café, mas Cláudio não aceitou, estava agora ansioso.

— Confesso que estranhei marcarmos essa reunião aqui, Luísa. Mas estou pronto para ouvi-la. Do que se trata?

— Bom, Cláudio, sou eu que, primeiramente, tenho que lhe pedir desculpas por fazê-lo vir até aqui em um ambiente nada profissional, mas é que a situação exigiu.

— Não se preocupe com isso, Luísa. Além de seu advogado, sou também seu amigo, não há problema.

— Obrigada, Cláudio, eu agradeço. Bem, vou lhe contar em detalhes o que aconteceu para que fique ciente de tudo...

Então, Luísa começou a falar a respeito do que havia acontecido. Contou os pormenores da embaraçosa cena que presenciara, do socorro que Renata lhe prestara no posto de gasolina, do seu retorno ao apartamento e da conversa que tivera com Otávio. Ora chorava, ora soluçava com as lembranças que voltavam à sua mente.

Cláudio escutava pacientemente e se apiedou de Luísa. O advogado já sabia do comportamento de Otávio, que, vez por outra, lhe confidenciava suas aventuras com ar de vitória. O próprio Cláudio já se perguntara muitas vezes: "Como uma mulher linda, educada e trabalhadora como Luísa pode ter se casado com um sujeito de caráter duvidoso como Otávio?" Pelo menos em relação ao casamento, Cláudio tinha sérias restrições a ele. No campo profissional, ainda não havia visto nada que o condenasse.

Assim que Luísa acabou, disse que queria o divórcio e que era para ele dar andamento aos papéis. Cláudio perguntou se era isso mesmo que ela queria e Luísa confirmou que sim, sua decisão estava tomada.

— Cláudio, não há mais clima para eu continuar nesse casamento. E como vamos fazer para trabalhar, juntos, no mesmo escritório? Não dá, não há condições. Pode tomar as providências. Eu, inclusive, quero viajar por um tempo, não sei ainda para onde. Mas sempre estarei em contato com você para saber como andam as coisas.

— Então, combinado, Luísa. Vou trabalhar nisso. Sinto muito, sinto muito mesmo.

— Eu também, Cláudio. Mas é vida que segue...

Despediram-se com um aperto de mão. Cláudio disse que ligaria assim que tivesse novidades.

Quando entrou em seu carro, o advogado, por alguns instantes, ficou refletindo em como a vida nos oferece surpresas, tanto boas como desagradáveis. Ficou chateado por Luísa. Por isso, resolveu que iria ainda naquela tarde falar com Otávio para resolver a segunda parte envolvida na questão. Já eram quase cinco horas, o tempo passara rápido. Cláudio ligou o carro e foi direto ao escritório. Otávio havia chegado logo após o almoço.

No caminho, Cláudio foi pensando em como resolver o caso de maneira civilizada e justa. Assim que viu o advogado estacionando o carro, Otávio já imaginou saber do que se tratava. Cláudio entrou, cumprimentou Otávio com algum constrangimento e, sem mais delongas, foi direto ao assunto comunicando que Luísa estava decidida a se separar dele. Otávio já esperava por isso.

— E quanto aos negócios, Cláudio? O que ela pretende fazer? — perguntou Otávio.

— Bem, Otávio, ainda vou ver tudo com calma, mas Luísa disse que quer metade de tudo o que vocês possuem. Ela agora vai viajar, mas, quando retornar, quer acertar tudo e assinar o que for preciso.

Sem muito mais a ser dito, Otávio estendeu a mão para Cláudio, concordando com o que havia sido combinado naquele momento. Sabia, conhecendo Luísa como ele conhecia, que nada mais podia ser feito. Na realidade, nem ele mesmo sabia se queria fazer algo.

Em dois dias, Luísa partiu. Seu passaporte estava atualizado. Então, foi tudo muito rápido: despediu-se da mãe e da amiga Renata. A amiga ainda tentou fazer com que Luísa desistisse da viagem, mas ela reforçou que precisava ficar só e refletir. Foi assim, com este pensamento, que voou para longe e desembarcou no Tibete.

CONHECENDO O TIBETE

Depois de exaustiva viagem, Luísa chegou ao Tibete. Não podia negar que havia uma atmosfera diferente naquele lugar. A religiosidade se misturava com o comércio e com as pessoas que transitavam pelo local, desenhando um exótico cenário de cores e formas de rara beleza.

O ar puro fazia com que enchesse os pulmões para respirar em agradecimento pela bênção da vida. O azul do céu mostrava que a presença de Deus era uma constante para quem ali desembarcasse.

Luísa havia feito uma reserva em um pequeno hotel que fora indicado pela agência de turismo. Não era de luxo, mas, pelo que viu das acomodações, estava de bom tamanho para ela. Afinal, não viera para fazer turismo, mas sim, à procura de paz.

Quando se instalou no quarto, deixou as malas na cama e resolveu sair para andar um pouco pelos arredores do hotel. Mais tarde arrumaria sua bagagem no armário. Não tinha pressa para nada. Aliás, de que adiantava ter pressa? Fizera sempre tudo correndo, tudo cronometrado, muitas vezes nem almoçava para ficar trabalhando. E para quê? Agora via o quanto fora idiota esse tempo todo.

Aos poucos, conforme absorvia o novo lugar, ia observando como tudo era diferente do que estava habituada. Era um outro mundo. O colorido das roupas era muito bonito e também pode perceber que havia turistas de várias partes do planeta no Tibete. "Será que estão aqui pela mesma razão que eu?", pensava. Bem, isso não importava. Precisava desfrutar ao máximo daquele lugar. Cada minuto era uma experiência nova.

O tempo foi passando e Luísa começou a sentir fome. O lanche que fizera no avião já havia sido servido há algumas horas. Ficou em dúvida se jantaria em algum restaurante para conhecer a culinária local ou se comeria no hotel mesmo. Mas, primeiro, precisava tomar um bom e revigorante banho.

A ducha do hotel era abundante. A água quente, como sempre gostava, caía-lhe bem no corpo. Tantas horas de viagem fizeram com que ficasse dolorida.

Após o banho, arrumou rapidamente a bagagem no armário e escolheu uma roupa. Colocou uma blusa solta e um jeans largo e velho que adorava usar. Luxo para quê? Não usaria salto também, até porque queria ficar longe de todo seu cotidiano que deixara no Brasil.

Desceu lentamente, sem compromisso com nada. A recepcionista informou que, em meia hora, o jantar seria servido. Resolveu esperar. Sair sozinha agora, não seria uma boa ideia, pois mal conhecia o lugar. Logo anoiteceria e não sairia, à noite, sem conhecer nada.

Poucos minutos depois, o restaurante estava liberado. Havia um caldo quente e convidativo como entrada do jantar. Luísa adorou. Era reconfortante e saboroso. Depois, foi servido um peixe e iguarias do local. Tudo muito diferente, os temperos, os aromas, mas Luísa apreciou muito. Sentiu-se bem alimentada.

Quando terminou o jantar, ficou um pouco na frente do hotel para ver o movimento. A essa hora, já não havia tantas pessoas na rua. A recepcionista explicou que muitos se recolhiam em suas casas para a oração da noite e lá permaneciam.

Luísa resolveu voltar para o quarto e ligar para sua amiga e também para sua mãe. Elas pediram que ela ligasse assim que chegasse e, na realidade, Luísa havia esquecido. Já fazia algum tempo que havia chegado e as duas deveriam estar preocupadas. "Que horas seriam agora lá no Brasil? Bom, não importa, tenho que ligar de qualquer jeito", pensou, decidida.

Assim fez. Ligou para a mãe e para Renata, contou como havia sido a viagem e que estava tudo bem. O lugar era maravilhoso. Avisou, por fim, que não ligaria todos os dias, mas manteria contato.

Luísa preparou-se para dormir. Arrumou mais alguns pertences e não quis ligar a televisão. Pressionou o colchão para sentir a sua firmeza e viu que a cama era diferente da sua, mas não ligou. Com o cansaço da viagem e o desgaste emocional dos últimos dias, com certeza nem notaria a diferença e cairia em sono pesado.

O silêncio agora se fazia presente. Ouvia-se, muito ao longe, um sino. Seria alguma oração que estavam fazendo ou algum ritual religioso? Luísa, aos poucos, foi adormecendo com o badalar do sino, um som lindo e profundo.

Depois de alguns minutos de sono reconfortante e tranquilo, Luísa começou a sonhar. Seu sonho fora confuso. Nele estavam Otávio e a secretária. Discutiram feio e Luísa pegava o carro e saía sem rumo. Dirigia muito e só parou num local em que as pessoas estavam vestidas todas iguais. Parecia que rezavam e Luísa se juntou a elas.

Quando acordou, já havia dormido bastante e, imediatamente, lembrou-se do sonho. Ficou com isso na cabeça alguns segundos. Olhou em volta, procurando localizar-se, e lembrou que estava no hotel. Será que fizera bem em ir até lá? Acreditou que sim. Antes de se decidir pela viagem, até havia pensado em ficar na casa de sua mãe por uns tempos, mas depois, naquele momento, achou melhor sair e colocar as ideias em ordem. Assim, podia pensar com calma em tudo.

Levantou-se. O sol já havia inundado o quarto e ela abriu ainda mais as cortinas para que ele entrasse em todo o seu esplendor. Luísa abriu os braços como se quisesse abraçar a Natureza.

— Obrigada, meu Deus! Nada como acordar com um sol maravilhoso como esse!

Embora o dia estivesse ensolarado, fazia frio. O ar das montanhas demorava a esquentar e era necessário vestir um agasalho.

Desceu para tomar café. Bem, não sabia se esse era o hábito do local, mas adoraria uma xícara com uma bebida quente. Observou o restaurante e ficou feliz. Havia um farto café da manhã com pães, sucos, geleias e outros quitutes daquele povo.

Comeu bem, caminhou até a porta do hotel e dirigiu-se à recepção. Foi perguntar novamente se havia algum mosteiro que turistas pudessem entrar e visitar. A recepcionista, sempre solícita, disse que havia um ônibus que levaria os turistas para visitação e ele sairia às dez horas da praça principal. Luísa agradeceu e prometeu que estaria lá no horário previsto.

Ela ficou muito empolgada com o passeio. Apressada, voltou ao quarto para pegar a máquina fotográfica e sua bolsa. Queria registar tudo o que pudesse. Deixou a chave na recepção e saiu.

Pelo caminho, foi reparando nas peculiaridades do lugar. Havia muitos vendedores por toda a cidade. Vendiam lembranças, comidas e artesanatos em geral. O local era uma mistura de simplicidade e exotismo ao mesmo tempo. Quando chegou na praça, já havia um bom número de turistas perto ônibus. Luísa achou graça e ficou levemente preocupada com o estado do veículo: "Puxa, que ônibus velho. Será que ele tem condições de andar e levar todo mundo? Bem, vamos lá ver o que acontece", pensou intimamente.

A passagem era comprada diretamente com o motorista. Quase todos ali falavam inglês, o que facilitava a comunicação. Havia turistas de todas as partes do mundo. Luísa notou que havia muitas pessoas da terceira idade no grupo, mas seus rostos mostravam uma alma muito mais jovem e feliz. Pensou consigo mesma: "Que bonitos! Quero muito chegar nessa idade com alegria, saúde e disposição".

Todos acomodados, chegou a hora de embarcar rumo ao mosteiro. Será mesmo que os monges levavam sua vida dentro daquele ritual como havia visto na revista? Esperava que pudesse ver. Na reportagem, achou tudo muito bonito e interessante, mas tinha a certeza de que não conseguiria viver daquele jeito. Estava lá para trazer paz ao seu coração, mas viver para sempre ali, era muito difícil.

O ônibus parecia que ia desmontar a qualquer momento. Ele sacolejava e andava lento demais. Mas, era seguir viagem. Agora, subiam o que parecia ser uma pequena serra. Do alto, a paisagem que se descortinava era linda. O verde emoldurava as montanhas. O ar puro lhe fazia muito bem e a brisa gelada deixava suas bochechas e seu nariz vermelhos.

Após algum tempo de subida, o ônibus parou e puderam descer. Luísa nunca havia visto nada igual. Nem mesmo na revista pudera ver com tamanha beleza o templo que agora estava a sua frente. Era lindo, uma obra fantástica!

Começou a tirar fotos. Uma atrás da outra. Era impossível não registrar tamanha beleza. Todos faziam o mesmo. Muitos turistas passavam por ali e visitavam o mosteiro. Era um grande ponto turístico.

O grupo foi chamado pelo guia para entrar. Luísa estava deslumbrada e, certamente, jamais esqueceria cada detalhe que pode observar, por dentro e por fora.

Alguns monges que passavam pelos turistas faziam uma reverência e todos retribuíam com o mesmo gesto. O guia explicou que era uma saudação com votos de saúde e felicidade.

O mosteiro era muito grande. Caminhavam e conheciam várias salas, até que chegaram a um salão maior. Era verdadeiramente enorme e ali muitas velas eram acesas. Uma lindíssima imagem de Buda, envolto em flores, estava colocada no meio do salão. Assim que Luísa passou pela imagem, fez uma reverência, se concentrou e pediu para que conseguisse superar tudo aquilo que a levou até ali. Sem dúvida, aquele ambiente era convidativo à meditação.

Agora, ouvia-se um mantra ser entoado e todos tentavam fazer o mesmo. Luísa tentava também. A melodia sugeria algo de paz para nosso coração e nossa mente.

A excursão seguiu adiante para conhecer os arredores do mosteiro. Era muito alto e a vista se perdia no horizonte. Luísa ficou por algum tempo contemplando aquela paisagem única, até que fora chamada para retornar ao grupo.

Já passavam mais de duas horas que estavam ali e teriam de voltar. Agora, Luísa já não se importava mais se o ônibus fazia barulho ou ia desmontar. Aquele lugar lhe trouxera paz ao coração e queria que esse sentimento permanecesse em seu íntimo o máximo que pudesse.

De volta ao hotel, Luísa almoçou e resolveu deitar um pouco. Queria ver se as fotos ficaram boas e aproveitaria para relaxar. À tarde, compraria algumas lembranças para sua mãe, Renata e Cláudio. Embora pretendesse ficar mais algum tempo ali, queria já comprar os presentes para conhecer o artesanato daquele povo. Luísa estava feliz e tranquila.

ANDRÉ

Depois do descanso após o almoço, Luísa checou todas as fotos e concluiu que estavam ótimas. Adorava fotografar, mas a correria do dia a dia não deixava que cultivasse seu passatempo preferido.

Abriu a janela do quarto e o ar parecia mais frio. Decidiu descer para beber algo quente como uma xícara de café ou um chá. Na recepção, notou que havia mais turistas chegando. Instintivamente, não pode deixar de notar um rapaz alto, com uma bagagem estranha. Parecia que levava equipamentos. Viu que preenchia uma ficha e, provavelmente, se hospedaria ali.

Embora quisesse ficar longe de homens naquela viagem, até porque havia prometido para si mesma nunca mais se relacionar com alguém, ficou observando o novo hóspede e avaliou ser ele um rapaz distinto. Estava de barba e cabelos aparados, e vestia uma jaqueta com um cachecol no pescoço.

O rapaz subiu com sua bagagem e Luísa se dirigiu para o bar a fim de tomar a bebida quente que tanto queria naquele momento. Com certeza, teria chance de vê-lo mais tarde, cruzaria com ele pelos corredores, já que estava se hospedando ali. "Mas por que estou pensando nisso? Já não chega o que o Otávio me fez? Será que estou querendo dar o troco?", criticou-se a si mesma em pensamento. Luísa não queria mais confusão, era bom ficar longe de qualquer coisa desse tipo e apenas curtir a viagem.

Após o café, resolveu sair para fazer compras. As roupas vendidas no local eram de um colorido muito bonito. Havia túnicas e xales. Queria levar todos, mas pensou que, em São Paulo, não fazia tanto frio assim. Teria que se controlar e conter a impulsividade. A fatura do cartão de crédito não a perdoaria. Algumas imagens de Buda certamente seriam as melhores lembranças a serem compradas. Comprou duas, uma para Renata e outra para sua mãe.

Dona Antônia, mãe de Luísa, era espiritualista e certamente iria gostar do presente. Ela já havia passado por diversas religiões, sempre em busca de algo para sua alma. Hoje, não tinha certeza se dona Antônia seguia alguma coisa.

Luísa não seguia nenhuma religião. Não sabia se era melhor fazer isso ou se engajar em alguma crença. Não gostava de ter o compromisso que algumas religiões impunham. Não queria ficar vinculada a nenhuma delas. Nesse ponto, concordava em parte com sua mãe. Achava que a melhor coisa a ser feita era não fazer o mal a ninguém e cultivar o bem em seu coração.

Após passear, pesquisar preços e conhecer as bonitas lembranças oferecidas no comércio local, Luísa retornou ao hotel para deixar as sacolas e se trocar para o jantar.

Às dezoito horas, percebeu que as pessoas começavam a se recolher e tudo ficava mais quieto. Com certeza parecia ser um costume daquele povo. O expediente se encerrava naquele horário. Mas como estava ali para descansar, Luísa achou ótima aquela quietude. Há muito tempo não tirava férias. Havia planejado com Otávio que iriam conhecer algum lugar no exterior, mas não deu tempo, não conseguiu fazer com ele a tão sonhada viagem. Ele agora já não fazia mais parte da sua vida, nem de seus projetos. Por instantes, retornou àquela cena horrível no escritório. Nunca, jamais poderia imaginar que ele pudesse traí-la. "Que surpresa a vida me proporcionou", lamentava.

Sem perceber, as lágrimas voltaram a escorrer pelo rosto de Luísa e a tristeza invadiu seu coração novamente. Magoou-se em reviver mentalmente o problema. "Ainda bem que não tivemos filhos, ainda bem", avaliou intimamente aos soluços. Embora quisesse muito ser mãe, ela e Otávio haviam decidido adiar a programação de filhos até que os negócios permitissem uma dedicação mais integral à maternidade. Luísa queria muito poder acompanhar o desenvolvimento dos filhos, ao lado deles, participando de tudo.

Mas, não foi possível. Não adiantava mais pensar nisso. O que passou, passou. Teria de recomeçar. Como, não sabia ao certo, só sabia que não queria mais viver outro trauma. Otávio era passado. Tomou banho, preocupou-se com a aparência, queria parecer mais feliz e arrumou-se para descer.

Assim que entrou no salão de jantar, logo percebeu a presença do rapaz que se hospedara com a bagagem esquisita, o novo hóspede que lhe chamara a atenção.

Ele parecia muito sério. Estava concentrado, comia e olhava para um notebook. Parecia que mandava mensagens. Aquela deveria ser uma viagem de trabalho.

Luísa não se fez de rogada. Foi até o buffet, se serviu e sentou-se bem perto dele. Aquele caldo que era oferecido no hotel realmente era uma delícia e lhe caía muito bem. Levantou-se e foi pegar mais. Serviu-se novamente. "Espero que ele não engorde muito", riu consigo mesma.

Algumas frutas estavam ali à disposição dos hóspedes para quem quisesse. Havia também potes com doces. Luísa resolveu experimentar. Um deles parecia um doce de arroz muito saboroso. Comeu, repetiu e deu por encerrada a refeição. Estava satisfeita e preocupada com a balança. Saiu do salão, não sem antes procurar pelo ambiente a figura do rapaz. Ele já havia saído também.

Luísa foi para o saguão do hotel. Queria ver se conversava com alguém. Logo mais adiante, no alpendre, avistou duas moças conversando. Foi até elas. Falou em inglês e as duas cumprimentaram da mesma forma. Iniciaram uma amizade e começaram a trocar informações. Descobriu que elas eram turistas de Nova York e estavam ali por poucos dias. Também vieram conhecer o lugar atraídas pela mistura da aura do mistério com o exotismo. Luísa conversou com elas por mais algum tempo e reparou que o rapaz não aparecia. Ficou todo esse tempo na esperança de que ele pudesse passar por ali. Não sabia se ele havia saído para dar uma volta ou simplesmente havia subido. Decepcionada, despediu-se das amigas e subiu para o seu quarto. Ligou a televisão para se distrair.

O frio da noite fez com que Luísa puxasse o cobertor e, com a televisão, ligada adormeceu logo. Não percebeu a noite passar.

Dia seguinte, quando acordou, já eram mais de oito horas. Assustou-se com a televisão ainda ligada. Fazia tempo que não dormia tão profundamente. "Devem ser os fluidos do lugar que me acalmaram", analisou.

Aprontou-se rapidamente e desceu para comer algo. Depois, queria sair a pé para conhecer um pouco mais da cidade. O salão de refeições estava cheio. Sentou-se e logo viu o tal rapaz entrar. Realmente ele era muito bonito. Tinha uma beleza um tanto rústica, não sabia explicar direito o que sentia. Viu que ele se serviu. Luísa pegou mais um pouco de café e uma fruta, não sabia o quanto iria caminhar e resolveu se alimentar bem. Esperou para ver aonde o rapaz iria depois do café. Assim que ele saiu, ela também se levantou para segui-lo. Viu que ele deixou as chaves na recepção, ela fez o mesmo e descobriu que seu nome era André. Logo percebeu em suas mãos uma câmera com um tripé e uma mochila nas costas. Será que ele iria a pé ou de carro para algum lugar tirar fotos? Como quem não quer nada, foi seguindo o rapaz. André embarcou num ônibus com mais alguns passageiros, provavelmente iria até algum mosteiro. Resolveu embarcar e ir também. Pagou sua passagem e juntou-se ao grupo.

Luísa sentou-se junto de André. Percebeu que ele estava atrapalhado com aquele tripé e prontificou-se a ajudá-lo segurando o acessório. Ele aceitou.

— Puxa, obrigado. É muita coisa para carregar...

— Não se preocupe, não está pesado. Meu nome é Luísa.

— Muito prazer, o meu é André.

Iniciaram uma descontraída conversa e André contou que fazia fotos para uma revista e aquela era realmente mais uma viagem de trabalho.

— Ah, eu imaginei — disse Luísa. — Com todo esse material, só poderia ser trabalho mesmo. Eu estou de férias, trabalho em um escritório de contabilidade.

Depois de uma curta viagem, chegaram a um mosteiro. Era diferente daquele que Luísa havia visitado anteriormente. Ela devolveu o tripé para André, que se levantava meio desajeitado com os equipamentos. "Vou tentar ficar perto dele durante o passeio e conversar mais", arquitetou.

— Essas estradas estreitas e essas subidas me dão um pouco de medo — puxou assunto.

— Não há problema — respondeu André —, os motoristas conhecem cada pedra desse caminho, estão acostumados. Mas não há outro jeito, a maioria dos mosteiros fica em lugar alto.

Luísa descontraiu e tirou seu cachecol da bolsa, ventava muito. Ainda bem que estava de férias e podia usar tênis com uma roupa mais solta. Fazia tempo que não andava assim. Tirar os sapatos de salto alto fez muito bem para seus pés. Parecia que seu corpo estava até ganhando um novo alinhamento, sua coluna estava mais ereta.

Enquanto caminhavam, André perguntou se Luísa queria acompanhá-lo enquanto fazia o seu trabalho e tirava as fotos. Luísa ficou animada internamente.

— Tem certeza de que não vou atrapalhar?

— Claro que não, Luísa. Vou mesmo precisar de uma assistente para carregar o equipamento — brincou o fotógrafo.

— Ah, é? Bom, espero que não se arrependa. Mas vou com você. Quero ver a paisagem com o olhar de um profissional.

O grupo acompanhava o guia, mas André parou para tirar umas fotos da frente do mosteiro. Posicionou a câmera e Luísa observou que ele devia ser um bom profissional. Parecia criterioso com a qualidade de seu trabalho. Era minucioso e detalhista.

Seguiram depois para dentro do lugar sagrado e não puderam deixar de sentir o cheiro de incenso e a energia do ambiente. Luísa lembrou que deveria levar incensos para sua mãe. Ela iria adorar. Compraria mais tarde perto do hotel.

Viram alguns monges em oração. Suas vestes alaranjadas e a cabeça raspada faziam com que se tornassem inigualáveis no meio dos turistas. Luísa, mais uma vez, pensava que fizera muito bem em escolher o Tibete para fugir do caos em que se encontrava sua vida.

André percebeu que Luísa estava perdida em seus pensamentos, completamente absorta. Olhou-a com calma e reparou que ela era uma mulher muito bonita também. Seu olhar acostumado a ver coisas belas não o enganava.

Tocou-a no braço a fim de tirá-la do estado de transe em que se encontrava.

— Tudo bem com você? Está sentindo alguma coisa?

Luísa assustou-se e riu pedindo desculpas.

— Puxa, estava longe. Acho que a paz desse pedaço do mundo me deixa completamente fora de mim. Parece que estou voando...

— Realmente, você parecia estar em outro lugar, não aqui.

Riram e prosseguiram. Mais adiante, resolveram parar para descansar um pouco e admirar, do alto, a beleza da paisagem. André tirou mais algumas fotos e, aparentemente, havia ficado feliz com o resultado. Prometera enviar algumas delas para Luísa, à noite, e queria ouvir a opinião dela.

André trabalhava nessa revista há algum tempo. Era experiente, conhecido no mercado e todos reconheciam o seu profissionalismo. Por isso o mandaram para o Tibete. Sabiam de sua seriedade e da qualidade do seu material. O investimento nele e em suas viagens sempre valiam a pena.

Passadas algumas horas, o guia começava a reunir o grupo de turistas para voltarem. O frio estava ficando mais forte. Luísa e André subiram satisfeitos no ônibus, não só pelo trabalho realizado, mas, sobretudo, pela amizade que entabularam no passeio.

De volta ao hotel, André agradeceu a companhia de Luísa e a convidou para jantar:

— Por que não jantamos juntos? Tem alguma companhia para logo mais?

— Não, não tenho. Pode ser, nos vemos logo mais então. Obrigada pela companhia, André, foi muito bom acompanhá-lo em seu trabalho.

— Eu é que agradeço, você é uma excelente assistente.

Riram da brincadeira e se despediram. Luísa ficou feliz por ter companhia para jantar. Não gostava de fazer as refeições sozinha. Lembrou que, em casa, no almoço sempre estava em companhia de sua mãe ou de Renata. No jantar, ficava com Otávio, muito embora nos últimos tempos ficava mais sozinha do que com o marido. Seu rosto adquiriu uma expressão de tristeza e uma lágrima desceu por seu rosto. "Mas eu vou sair dessa", prometeu.

Era fim de tarde e Luísa queria comer algo leve até descer para o jantar. O passeio lhe abrira o apetite. Aproveitaria também para descansar um pouco antes de descer logo mais à noite para o encontro com André.

NOVA AMIZADE

Luísa olhou pela janela do quarto. A vista das montanhas era algo indescritível. Parecia que elas conseguiam tocar o céu. Era uma paisagem linda e reconfortante. Sorriu agradecida e voltou-se para seus afazeres, afinal, teria um encontro importante logo mais.

Foi tomar um bom banho e preparar-se. Pensou no que poderia vestir. Lembrou-se de que não trouxera muita coisa, nem roupas especiais. No momento em que resolveu viajar, não estava com cabeça para fazer malas e mais malas. Simplesmente pegou o que achava que seria mais necessário, não queria demorar para se ver livre de Otávio. Abriu sua mala e localizou um casaco rosa. Gostava dele, era leve e bem quente. Era seu companheiro inseparável em passeios. Decidiu que iria usá-lo com um jeans. Com o cabelo ainda molhado, deu uma rápida secada nas pontas, modelando-o entre os dedos. Nos últimos dias, sempre esteve com ele preso, não estava ligando muito para a aparência. Mas hoje, queria se arrumar um pouco mais. E assim seria dali para frente. Pensaria em si em primeiro lugar, nunca mais deixaria que alguém se aproveitasse dela.

Ajeitou os travesseiros e descansou um pouco até o momento de descer. O ar da montanha lhe dava fome e ficou com vontade de pegar alguma coisa do seu frigobar até o jantar. Havia chá, suco, cerveja em lata e também alguns petiscos. Optou pelo suco de caixinha. Cochilou levemente...

Quando abriu os olhos, já eram dezoito horas. Coçou os olhos para acordar bem e foi terminar de se arrumar. Colocou o casaco e foi se olhar no espelho. Ele ficou bem. Passou um discreto batom no tom rosa do casaco para combinar. Gostou do resultado: "Sim, hoje pareço mais arrumada do que nos últimos dias", avaliou. Deu uma olhada geral no quarto, estava tudo em ordem, trancou a porta e desceu.

O salão de refeições ainda estava vazio. As comidas ainda estavam sendo postas. Ficaria no salão perto da recepção para ver o movimento. André, com certeza, assim que descesse, iria vê-la ali esperando por ele.

Alguns chineses entraram animados no saguão com câmeras fotográficas. Estavam alegres e conversavam bastante. O hotel era de médio porte, mas sempre estava bem ocupado por turistas.

A noite tomava conta do Tibete. Eram dezenove horas. Luísa esperava por André já com certa ansiedade. Pegou uma revista. Seu inglês não era dos melhores, mas, pelo menos, ficaria vendo as fotos para o tempo passar. Distraída com a revista, nem viu que André estava a sua frente com um bonito sorriso.

— André, nossa, que susto. Nem vi você chegar, me desculpe, estava longe vendo as fotos da revista.

— Eu é que peço desculpas, não queria assustá-la.

— Tudo bem, já passou...

— Você fica muito bem de rosa, acho que esse tom combina muito com você. E eu tenho um olhar bem treinado para cores e beleza.

— Ah, obrigada, senhor fotógrafo — agradeceu Luísa um pouco tímida. — Eu prefiro tons leves. Acho que meu jeito interior não combina com cores fortes, escuras.

— É o que se diz: a beleza vem de dentro.

Conversaram mais alguns minutos e foram jantar. André se serviu e Luísa também. Ela estava com mais fome do que nos últimos dias, a viagem estava lhe fazendo bem.

Após a refeição, voltaram para o saguão e se acomodaram em confortáveis poltronas.

— Devo voltar para o Brasil em cinco dias — informou André.

— Já? Você conseguiu fazer tudo o que precisava?

— Sim, já terminei o trabalho e preciso levar as fotos, retomar minha rotina. Já estou com a passagem marcada.

Uma ponta de decepção pela notícia tomou conta de Luísa. Ela não sabia bem quando iria voltar para o Brasil, mas pensou que também, um dia, precisaria retomar sua vida. Precisava falar com o advogado para saber como ficaram as coisas em relação ao escritório e ao apartamento onde morava. Queria tudo dividido certinho. Mas não iria pensar nisso agora. Queria curtir a noite com André, em breve ele iria embora. "Será que um dia voltarei a vê-lo?", pensou.

André convidou-a para um passeio. Disse que lá fora fazia mais frio, mas a praça era bonita à noite.

— E hoje teremos apresentações de dança. Quer assistir?

— Sim, claro — respondeu Luísa, animada. — Gosto de conhecer a cultura típica de cada lugar que visito. Espere só um pouquinho, vou subir e pegar um cachecol para me proteger melhor desse frio.

— Estarei aqui esperando.

Essa também era a primeira vez que André visitava o Tibete. Sempre ouviu muitas histórias do local, tinha um fascínio pelas cores e paisagens dali. Queria muito conhecer. Até que surgiu a oportunidade de juntar o trabalho com a sua vontade de ver aquele santuário de perto.

Já a motivação de Luísa havia sido outra. Nunca havia pensado em viajar para lá, embora tivesse achado tudo muito bonito nas fotos que vira naquela revista. Enfim, optou pelo Tibete para ficar bem longe de Otávio. Ali, com certeza, ele não a incomodaria.

Luísa desceu e André estava lá, tomando um pouco de chá quente. Saíram. A praça estava bem movimentada e um cenário especial estava montado, com tochas acesas, adereços e enfeites. A música que tocava tinha uma melodia diferente de qualquer coisa que ambos já haviam escutado. Ora um ritmo mais forte, ora mais abafado, todo o conjunto de sons e cores criava um ambiente que misturava alegria e mistério ao mesmo tempo. Em determinados momentos, a dança parecia uma luta e Luísa percebeu que André estava gostando muito de tudo aquilo.

— Puxa, é tudo muito envolvente, nunca vi nada assim — comentou André.

— A energia é muito forte, estou toda arrepiada — completou Luísa.

A apresentação durou mais algum tempo e Luísa sentiu suas mãos congelarem. André viu que ela estava com muito frio e sugeriu que retornassem ao hotel. Lá chegando, foi providenciar uma xícara de chá com leite quente para Luísa. Sentaram e ficaram conversando mais algum tempo.

— Obrigada pelo chá. Estava congelando.

— Essas bebidas quentes por aqui parecem aquecer até nossos corações — brincou o fotógrafo.

Após breve silêncio, Luísa arriscou uma conversa mais pessoal:

— André, fale-me um pouco de você.

— Bem, como viu, sou fotógrafo e trabalho para uma revista. Viajo bastante por conta do trabalho, mas é a primeira vez que venho ao Tibete.

— E está com saudades do Brasil?

— Luísa, na verdade, depois que me separei, tenho me dedicado mais a fundo ao trabalho. Então, onde há matéria fotográfica para fazer, lá vou eu. Seja no Brasil ou fora dele.

— Você é separado? — perguntou Luísa, disfarçando a curiosidade.

— Sim, eu me separei há dois anos e tenho um filho. Não posso negar que é uma fase difícil essa adaptação a uma nova vida. E você? É casada?

— Eu também sou separada, mas agora está tudo bem — respondeu Luísa, não entrando em mais detalhes sobre sua separação e o motivo de sua viagem. Apenas disse estar de férias.

— Então estamos empatados nessa, mais dois separados no mundo... — brincou André.

Mais um pouco de conversa e encerraram o dia. André disse que ainda teria que mandar uns e-mails para a revista e Luísa disse que iria descansar. Combinaram de, no dia seguinte, conhecer um restaurante de comidas exóticas que André ouvira falar muito bem. Luísa concordou e se despediram com um beijo no rosto.

Para quem não queria se relacionar com mais ninguém, Luísa até que estava bem animada. Ela pensava no dia que passou com André e ria consigo mesma. "Cuidado, dona Luísa, cuidado".

Sem perceber o adiantado da hora, ligou para o Brasil para falar com sua mãe:

— Mãe! Sou eu, Luísa! Está tudo bem? A senhora demorou para atender.

— Luísa, minha filha! Como vai você? Aqui está tudo bem, é que eu estava dormindo. Sabe que horas são?

— Ai, mãe, desculpe. Eu nem fiz as contas do fuso horário, liguei no piloto automático. Me desculpe, mãe.

— Não tem problema, filha. Pode me ligar a qualquer hora. Quando você volta?

— Acho que ainda vou ficar mais uns dias, mãe. Aqui é tudo muito maravilhoso, é uma paz incrível.

— Que bom, filha. Você estava precisando acalmar sua mente mesmo. Aproveite, então, mais esses dias aí...

Após mais alguns minutos para matar a saudade, desligaram. Dona Antônia se recolheu e Luísa ficou pensando em como ficaria ali sem a presença de André. "Provavelmente tudo vai ficar mais chato e sem graça", pensou, mas logo se censurou. Não queria se deixar levar por pensamentos e emoções fúteis. Estava ali para desanuviar e não para iniciar um novo relacionamento.

Deitada na cama, Luísa estava sem sono. Começou a pensar em Otávio. Como estaria ele? Será que, no escritório, todos já sabiam quem ele era? Será que só ela não havia percebido o mau-caráter sedutor que se escondia atrás da figura de seu marido? Com quantas mulheres já teria saído sem que ela soubesse? Lembrou-se do planejamento que haviam feito para ter um filho em breve. Via sua irmã com sua sobrinha, alegre e saudável, e queria ter alguém para si também. Queria poder andar de bicicleta com o filho, brincar, levar para a escola e agasalhá-lo em seu abraço. Mas, agora, teria de adiar esse sonho por culpa de Otávio. Luísa pedia a Deus que a ajudasse a superar toda essa fase. Sem perceber, adormeceu...

*

No Brasil, Otávio também viu sua vida mudar. Aquele relacionamento extraconjugal, motivo da separação de Luísa, já não significava mais nada para ele. Não queria se envolver com ninguém, mas reconhecia que adorava o jogo da conquista e da sedução. Tentou mudar esse seu jeito quando casou com Luísa, mas, em pouco tempo de casado, já não conseguia manter a fidelidade na relação. Esse traço de sua personalidade era complicado.

Agora, ele estava só, separado. Poderia ter a mulher que quisesse sem ter que ficar se escondendo ou dando satisfações a quem quer que seja. Todos no escritório ficaram sabendo o que havia acontecido e que a funcionária Raquel havia sido a causa da separação dos patrões. Raquel também não o amava, mas supôs que poderia ter uma promoção no escritório com o caso.

Não havia mais jeito. Otávio conversou com o advogado Cláudio e ele confirmou que Luísa queria se separar dele. Ela estava irredutível. Queria acertar a divisão dos bens e que cada um seguisse sua vida.

Ainda no Tibete, Luísa agora fazia a maior parte dos passeios com André nos dias que se seguiram após aquele jantar. Virou quase uma de assistente dele e André gostava do jeito dela. Viu que Luísa era uma moça de princípios, embora não soubesse nada de sua vida, só sabia que estava de férias e que fora casada. No momento, não queria saber mais do que isso. Seu casamento não deu certo e ele também não pensava em se unir a mais ninguém. Contudo, sentia falta de uma companhia.

A maioria das fotos que tirava era de caráter religioso, sempre mostrando a tradição e a fé daquele povo. No restaurante de comidas exóticas, tirou foto de alguns pratos, mas não quis se aventurar a experimentar. Luísa também não ousou, dizendo que não tinha estômago para aquilo. André riu da cara que Luísa fez ao olhar os pratos. Os ocidentais não estavam acostumados.

Mais dois dias e André partiria. Luísa começou a pensar no que faria sem ele ali: voltaria para o Brasil ou seguiria em viagem para outro lugar? Resolveria isso mais tarde. Sabia que, um dia, teria que falar com o advogado sobre a separação e, provavelmente, ainda teria que ver Otávio algumas vezes até que tudo isso terminasse.

O que será que todos no escritório estariam falando dela? Infelizmente, não podia fazer nada a esse respeito e, o que quer que tenha sido dito, Luísa sabia que não era responsável por aquela situação.

No outro dia, chovia um pouco e André não saiu para fotografar. Trabalhou dentro de seu quarto no hotel e Luísa estava se sentindo sozinha. Não almoçaram juntos e já era quase fim de tarde. Ela havia se acostumado com a presença dele. Decidiu por um pequeno gesto de ousadia, subiu e bateu na porta do quarto dele para ver se ele queria tomar um café ou coisa assim.

André abriu a porta. Ele estava à vontade, de meias e com o cabelo despenteado. Luísa não conteve o riso e ele também acabou rindo por ver o seu estado.

— Estou um pouco desleixado, não? — disse meio acanhado.

— Imagina... Está pronto para um baile de gala — riram-se da cena.

André pediu para que Luísa entrasse e visse algumas fotos. Realmente André era um excelente fotógrafo. A qualidade de seu trabalho era inquestionável e, com certeza, daria uma excelente matéria na revista.

Empolgada ao ver as fotos, Luísa foi caminhar para mostrar um detalhe a ele e se desequilibrou. Quase caiu em cima de uma cadeira. Ágil, André deu um pulo, a segurou pelo braço e a trouxe para mais perto de si. Ficaram tão próximos que quase seus rostos se tocaram. Por breves segundos, ficaram se olhando frente a frente. Um arrepio percorreu o corpo de Luísa. Um frio em sua barriga fez com que agradecesse a ajuda e se afastou, sem saber o que fazer ou dizer.

André também ficou sem jeito e sentiu seu coração acelerar. Ambos sentiram que algo estava acontecendo e Luísa quis sair dali.

— André, olha, me desculpe, eu vou descer e esperá-lo lá embaixo... Me desculpe... — e foi saindo.

— Luísa, bem... eu... Tudo bem, eu vou me arrumar e desço em seguida.

Luísa desceu e transpirava muito, embora fizesse frio no Tibete. Queria algo gelado para beber e não mais café quente. Tentava entender o que havia acontecido e as suas reações. Abriu um refrigerante e tomou antes que André chegasse.

Minutos depois, André apareceu e foram sentar no salão para beber algo. Havia ficado um clima estanho entre ambos, a pouca conversa era entremeada por hiatos de silêncio.

— Você está bem, se machucou? — ele quis quebrar o gelo.

— Não, não, está tudo bem, fique tranquilo.

André quis comer alguma coisa e Luísa o acompanhou. Havia biscoitos, bolos e bebidas quentes à disposição dos hóspedes. Luísa pegou um bolo com um tipo de melado em sua cobertura. O gosto parecia de mel, mas não soube identificar bem. Era gostoso. Serviu-se também de chá com leite. André pegou um pouco de cada. Aquela sensação de ficar próximo de Luísa lhe dera fome. Conversaram mais um pouco enquanto comiam. Ninguém mais tocou no episódio vivido a pouco. André comentou com Luísa que queria dormir cedo para acordar assim que o sol surgisse para finalizar seu trabalho. Luísa o acompanharia, claro. Combinaram, então, de se encontrarem às seis horas no saguão do hotel.

— Puxa, agora acho que nem vou jantar depois de ter comido tudo isso. Acho melhor subir e dormir mais cedo. Até amanhã, Luísa.

— Até, André. Durma bem.

Despediram-se com um beijo no rosto e André subiu. Luísa ainda ficou um pouco mais no salão de entrada. Não queria ficar sozinha no quarto, perdida em seus pensamentos e fantasiando situações com André. Queria distrair a cabeça e não pensar em nada. Observou um simpático casal nas poltronas próximas e puxou conversa com eles com seu inglês médio. Eram ingleses, estavam completando bodas de prata e resolveram comemorar os vinte e cinco anos de casados com a viagem ao Tibete. Depois iriam para a China. Uma aventura e tanto para renovar as bodas.

Luísa sentiu uma pontinha de inveja e imaginou como seria bom comemorar esta data ao lado de uma pessoa por tanto tempo. Seus rostos mostravam a felicidade e o amor que sentiam um pelo outro. Ficou mais um tempo conversando com eles e absorvendo as lições de uma vida feliz. Mais tarde, se despediram e Luísa subiu para o quarto. Ligou a TV e foi tomar um banho. Arrumou um pouco seu quarto e suas malas e refletiu: "Quando há honestidade de sentimentos, sempre é possível ser feliz".

Uma lágrima amargurada desceu por sua face. Iria superar a fase difícil que estava vivendo...

UM NOVO SENTIMENTO

A chuva havia passado, mas o frio pela manhã era mais intenso. Ainda era muito cedo. Luísa pegou seu casaco mais pesado e colocou duas calças. Realmente estava frio, pelo menos para ela. Nunca havia visto neve e pensou que talvez pudesse vê-la antes de voltar.

André já estava lá embaixo quando Luísa desceu. O café ainda não havia sido servido.

— Bom dia, Luísa. Hoje, esse frio está de arrebentar.

— Nem me fale, estou congelando. E olhe que estou com duas calças.

— Pois vou lhe confessar: estou com duas meias. Sou meio desleixado mesmo...

— Seu bobo! Nesse frio, todos deixamos a etiqueta de lado.

— Luísa, preciso pegar o sol nascendo. Acho melhor a gente ir e depois tomamos o café. Não vamos demorar muito, serão apenas alguns clicks.

— Pois vamos lá! Hora de trabalhar!

Saíram. O lugar que André havia escolhido era deslumbrante. Parecia que não existia mais nada além do céu e eles. No alto da montanha, André posicionou a câmera e tirou várias fotos. Tirou uma de Luísa sem ela perceber. Queria uma lembrança dela.

Puderam observar alguns camponeses que cuidavam de seus animais. Suas roupas eram bem peculiares e a vida ali era muito diferente daquela que estavam acostumados. Era um ritmo lento, harmonioso, de muita paz. Luísa estava apaixonada pelo Tibete.

Terminado o trabalho, voltaram para o hotel e foram tomar café. Luísa se serviu generosamente e André riu da fome que o ar das montanhas despertava nela.

— Já vi que uma bela paisagem estimula o seu apetite — brincou ele.

— Deve ser o ar puro. Mas só oxigênio não sustenta ninguém — devolveu a brincadeira, entre risos animados.

Após o café, André avisou que subiria para arrumar as malas.

— Quando você vai? — quis saber Luísa.

— Amanhã, meu retorno está marcado para logo cedo.

— Puxa, passou rápido, não? Vai me deixar sozinha aqui neste fim de mundo?

— Infelizmente, tenho que voltar. Mas me passe o seu telefone. Quando você voltar, vamos marcar e nos encontrar. Faço questão de lhe entregar uma revista pessoalmente.

— Em que cidade você mora? — perguntou Luísa.

— Moro no Rio. E você?

— Em São Paulo...

— Nada que uma ponte aérea não resolva — brincou André.

— Sem dúvida, vou aguardar, hein?

Luísa ficou intimamente feliz com a possibilidade de reencontrá-lo no Brasil. Combinaram de se ver depois do almoço, André queria comprar umas lembranças antes de viajar.

*

Lá pelas quinze horas, André foi até o quarto de Luísa para saber se ela queria acompanhá-lo. Luísa pediu que esperasse calçar os sapatos e André entrou enquanto ela se arrumava.

— Puxa, tem certeza de que vai achar seus sapatos nessa bagunça? — riu ele, brincando.

— E olhe que ontem arrumei tudo! — respondeu um pouco envergonhada.

— Vou ajudá-la a achar o outro pé...

André deitou-se no chão e achou o outro par embaixo da cama. Luísa agradeceu. Pegou sua bolsa e, ao fechar o quarto, ambos ficaram novamente bem próximos um do outro no corredor do andar. Luísa sentiu a proximidade de André e seu coração bateu forte, sua respiração ficou um pouco ofegante. André também fixou os olhos nela. Mas desceram.

A tarde estava bonita e não fazia tanto frio. Saíram em busca das lembranças que André queria. Após alguns minutos de caminhada, pararam em uma espécie de ambulante para comerem uns bolinhos que eram feitos na hora. Luísa não quis experimentar e André comeu todos rapidamente. Os comerciantes da região gostavam de ver os turistas e se empolgavam em mostrar suas mercadorias.

André comprou chaveiros, camisetas e uma tela com a imagem de Buda. Luísa ajudou-o na escolha e sentaram um pouco em meio ao comércio dali. André, sempre com a câmera em punho, hábito de fotógrafo, ainda tirou mais algumas fotos, inclusive de algumas crianças que brincavam por ali. Elas eram simpáticas, sorridentes, e suas bochechas coradas davam um ar de felicidade em seus rostos.

Voltaram para o hotel e combinaram de, logo mais à noite, jantarem para se despedir.

No quarto, Luísa viu que não tinha muito jeito mesmo com as tarefas domésticas. Precisava sempre de alguém para lhe ajudar a pôr ordem nas coisas. Sua vida foi dedicada ao trabalho e reconhecia que, embora quisesse que tudo ficasse arrumado, não tinha tempo e paciência para fazer isso.

Queria tomar um banho e cuidar do cabelo. Estava precisando mesmo ir ao cabelereiro, mas, no Tibete, essa vaidade teria que esperar, ela mesma teria que dar um jeito nele. Separou um conjunto de calça e blusa de gola alta. Caso André ainda quisesse sair, levaria um casaco.

Às dezenove horas estava pronta e desceu para esperá-lo. Estava intimamente um pouco triste, afinal, seria um jantar de despedida.

Não demorou muito e André desceu. Sorrateiramente, ele chegou por trás de Luísa e cobriu os olhos dela com as mãos. Luísa, pega de surpresa, riu da brincadeira.

Entraram no salão e foram jantar. André disse que ainda estava com muita fome, apesar dos bolinhos. Luísa também se servira bem. Aquela seria sua última refeição com ele e, depois, voltaria a ficar só. Pensou em ir embora também depois de dois ou três dias.

Em meio ao jantar, conversaram sobre o filho de André. Disse que compraria algo no aeroporto para levar para ele. Seu filho tinha onze anos e gostava de brincar com jogos. Quando ele estava em sua casa, os dois ficavam até tarde jogando.

Luísa pode perceber que, quando André falava de seu filho, seus olhos ficavam marejados. Por certo, sentia saudades, mas a guarda do menino ficara com a mãe no processo de separação. André não poderia cuidar direito do garoto com tantas viagens que fazia a trabalho. Foi um argumento decisivo na resolução da questão por parte do juiz.

Após a refeição, André convidou Luísa para darem uma volta por ali perto e Luísa colocou o casaco que havia trazido. Saíram.

À noite, sempre havia nas ruas próximas tochas acesas e esse cenário adquiria um ar de mistério e sedução. André diminui os passos e parou na frente de Luísa.

— Bem, eu... Olhe, Luísa, gostaria sinceramente de agradecer sua ajuda com meu material de trabalho e dizer que... você foi muito mais que uma assistente competente. Sua companhia foi maravilhosa.

Luísa imediatamente corou e seu coração disparou novamente.

— Ora, André, não foi nada, para mim foi um prazer conhecer com você lugares maravilhosos e também adorei sua companhia. Pena que você vai embora amanhã e...

Não deu tempo de Luísa completar a frase. André, olhos fixos no rosto dela, puxou Luísa para perto de si com ternura, segurou-a nos braços e a beijou.

Luísa correspondeu. Mil pensamentos passavam por sua cabeça naquele instante, mas tentou não pensar e apenas se entregar àquele momento. Trocaram mais alguns beijos e permaneceram abraçados por mais um tempo. André percebeu que, apesar de Luísa ter ficado surpresa com sua iniciativa, ela também havia gostado e se deixado levar pela emoção.

— Luísa, não quis ofendê-la ou ser impulsivo.

— Não fale nada, André — disse ela colocando a mão em sua boca. — Eu estou feliz por estar aqui agora...

Permaneceram assim, juntos, por mais alguns minutos até que resolveram voltar para o hotel. Andaram calmamente, como se o tempo não existisse e o mundo houvesse parado naquele instante. Já no andar de Luísa, André quis entrar no quarto dela para passar a noite em sua companhia. Era sua despedida, mas ela achou que seria melhor não, pelo menos não agora. André compreendeu. Despediram-se na porta e Luísa anotou seu telefone num papel e deu a André. Ele, por sua vez, entregou-lhe seu cartão onde havia seu telefone, seu e-mail, e ficaram de se falar quando estivessem no Brasil. André deu outro carinhoso beijo em Luísa e foi para seu quarto.

Luísa entrou, trancou a porta e ficou encostada pensando no que havia acontecido. Um turbilhão de sentimentos tomava conta de sua mente. Estava eufórica intimamente como uma adolescente e, ao mesmo tempo, em dúvida como uma mulher recém-separada. "Será que agi certo?", pensou. "Será que deveria ter me entregado mais a fundo para viver essa emoção momentânea? E se eu nunca mais o encontrar?" Não, Luísa não queria passar por outra desilusão. Se tivesse que dormir com ele um dia, voltariam a se ver e, aí sim, se daria esta chance.

*

O dia amanheceu e Luísa olhou o relógio. Eram nove horas da manhã. Pensou em André: "A essa hora já deve ter partido". Sentiu uma ponta de tristeza e uma solidão invadiu seu íntimo.

Arrumou-se e desceu para tomar café. Era segunda-feira e havia poucos hóspedes no hotel. Calmamente, tomou uma xícara de leite e comeu alguns pães com uma manteiga especial do lugar e geleias. A refeição solitária fez Luísa trazer à mente a figura de Otávio. Entristeceu-se por isso, não queria pensar mais nele. Também ficou chateada por não ver mais André entrando no salão para o desjejum. Dessa forma, fez uma rápida reflexão ao terminar de comer e decidiu voltar para o Brasil. Já havia ficado quatorze dias no Tibete e resolveu que era hora de retomar sua vida. Pretendia embarcar quarta-feira e, na quinta, estaria em São Paulo. Já era tempo de voltar. Não adiantava mais ficar sozinha. André tinha viajado, ela já havia ficado distante de seus problemas o suficiente e não havia mais motivo para permanecer ali. Tudo o que queria sentir havia conseguido. Luísa viu despertar em si novamente a necessidade da união com o sagrado, percebeu que estava há muito tempo distante de sua religiosidade. Aquela viagem fez renascer essa visão da importância da religião, fosse ela qual fosse. A vida continuava, era preciso reiniciar sua trajetória com essa nova perspectiva. Queria cuidar de si de maneira integral, corpo e alma. Buscaria uma academia, se ligaria mais a Deus, não viveria só para o trabalho.

Depois de tomar todas essas decisões, voltou para o quarto e ligou para Renata.

— Luísa! Que alegria, minha amiga, como você está? — atendeu Renata ainda um tanto sonolenta. Luísa sempre se confundia com o fuso horário.

— Por aqui tudo ótimo! O Tibete realmente é fantástico, me sinto renovada, por dentro e por fora. Estou em paz.

— Que bom, Luísa, você estava precisando dar esse tempo a você mesma.

Conversaram mais um pouco e Luísa finalizou:

— Renata, se tudo der certo, pretendo embarcar de volta na quarta-feira. Acho que na quinta devo estar desembarcando em São Paulo.

— Ah, então, quando chegar, me avise. Faço questão de buscá-la.

— Não, Renata, não quero dar trabalho, não se preocupe. Nem sei direito que horas vou chegar...

— Não importa, Luísa. Me avise.

— Está bem, minha querida amiga. Por enquanto, um grande beijo para você.

Despediram-se alegres e emocionadas. Fazia dias que não conversavam. Luísa resolveu arrumar a bagunça do quarto novamente. Sua visita ao Tibete estava praticamente encerrada. Visitaria mais um mosteiro amanhã, se desse tempo, e compraria mais algumas lembranças. Página virada.

DE VOLTA PARA CASA

No voo de retorno ao Brasil, Luísa pensava em tudo que havia acontecido nestes quase vinte dias. Sua vida havia mudado tanto que ela se perguntava o que mais poderia acontecer.

Havia descoberto a traição de Otávio, estava convicta de que queria se separar, viajara para o Tibete, um mundo totalmente novo e diferente para ela, conhecera André e até fora beijada, experimentando uma mistura de sentimentos até precoces para aquele momento. Agora, estava voltando para casa a fim de recomeçar.

Avaliou se seria melhor passar uns tempos na casa de sua mãe até resolver a questão do apartamento com

Otávio. Quanto aos escritórios, deixaria por conta dele e tiraria umas férias até que tudo estivesse decidido e com qual unidade ficaria, a matriz ou a filial. Caso já houvesse definição, voltaria imediatamente ao trabalho desde que não precisasse vê-lo mais.

Renata a esperaria no aeroporto, já estava combinado. Sabia que sua amiga estava preocupada com ela e seria bom receber os cuidados e mimos dela. Luísa também estava com saudades. Era tão bom quando conversavam! Embora Renata tivesse outro temperamento, ambas se entendiam. No fundo, queria ser como Renata, mais prática e racional, mas não conseguia, sempre agia com o coração. Pretendia mudar. Fazia parte de seus planos de mudança de vida. Será que conseguiria?

Mais algumas horas e estaria desembarcando. Já estava sobrevoando o Brasil. "Logo mais, será a vida real", pensou. Em pouco tempo, o avião aterrissou. Uma viagem tranquila e sem problemas.

Vencidos os trâmites do desembarque, Luísa avistou Renata no corredor, que lhe acenava entusiasmada e saudosa. Correu até ela e se abraçaram longamente.

— Luísa, que saudades, minha querida! Pensei que não fosse voltar mais, aí eu teria de ir até o Tibete para buscar você...

— Ah, Renata, acha que eu viveria muito tempo longe de vocês? Como você está?

— Estou ótima, só querendo ouvir suas histórias e essa sua experiência lá nesse fim de mundo. A viagem parece que lhe fez bem, está corada, vermelhinha...

Abraçaram-se novamente. Que bom poder rever sua melhor amiga. Luísa já começava a se sentir em casa de novo com os seus. Começou a contar sobre a viagem, os lugares, as compras, a comida e falou de André. Renata arregalou os olhos:

— Você conheceu alguém? Não me diga que já se apaixonou? Menina! — ralhou com a amiga.

Luísa riu gostosamente do jeito de Renata.

— É, pelo jeito vamos ter muito o que conversar, dona Luísa.

Em pouco mais de quarenta minutos, chegaram à casa de Antônia. A mãe de Luísa veio recebê-la com um sorriso e de braços abertos.

— Filha, você voltou são e salva! Que alegria!

— Mãe, que saudades! Claro que estou bem, afinal não fui para a guerra, né?

— Eu sei, minha filha, mas o coração de mãe sempre se preocupa. Quanto tiver seus filhos vai entender.

— Acho que agora vai ficar meio difícil essa parte do plano — brincou Luísa enquanto acomodava a bagagem.

Luísa era bem mais delicada que a irmã Roberta. Roberta era firme, decidida, fria e, por que não dizer, calculista. Luísa não! Agia pela emoção e com o coração. Sempre pensando primeiro nos outros. Talvez por isso Otávio tivesse se aproveitado dela.

Na sala, Renata ajudou com as malas. Antônia reparou que, apesar da separação de Otávio, parecia que Luísa estava bem. Não sabia explicar o porquê, mas sentia que a filha voltava diferente de quando fora. Será que o Tibete era um lugar que operava milagres? Ficou feliz pela filha.

Luísa foi lavar as mãos e o rosto, para depois começar a abrir os presentes. Quando voltou, a festa começou. Abriram pacotes e mais pacotes. Renata e Antônia adoraram as suas lembranças. Os presentes de Roberta ficariam guardados, ela os pegaria depois. Antônia os acomodou num cesto.

A conversa continuou animada, assunto era o que não faltava. Antônia chamou as duas para que fossem até a mesa de jantar, havia preparado um farto lanche. Sentaram-se e a primeira coisa que Luísa fez foi beber uma xícara de café. Estava com saudades daquele aroma caseiro. Lá no Tibete não havia aquele café que só sua mãe sabia preparar! Antônia também fez uma torta e Luísa comeu com vontade.

— Que delícia, mãe! Apesar de ter passado bem com as comidas de lá, sua comidinha é a minha preferida — disse Luísa brincando com a mãe, dando-lhe um apertão na bochecha.

Luísa não parava de falar nos mosteiros que visitara, nos costumes do lugar e de seu povo tão especial. Até suspirava quando se referia à paz que o Tibete transmitia.

Antônia ficou imaginando o lugar. Deveria ser algo realmente muito bonito de se conhecer, parecia que ela estava vendo as cenas que Luísa descrevia. Renata, embora não fosse muito religiosa, também ouvia com interesse as histórias da amiga sobre os monges.

— Luísa, fico feliz que tenha dado tudo certo. Mas, vamos e venhamos, você não acha que se precipitou um pouco em viajar sozinha para um lugar tão longe?

— Olha, do jeito que eu estava, magoada e ferida, eu só queria estar longe de toda a situação. Talvez isso tenha me encorajado, sabe? Se não tivesse ocorrido toda a traição do Otávio, acho que aí realmente eu pensaria duas vezes em ir sozinha.

— Mas o que importa é que você está aqui, firme e forte!

— É isso aí, Renata! — e abraçaram-se novamente como duas adolescentes.

Antônia foi lá para dentro pegar mais algumas coisas para o lanche e, aproveitando a ausência da mãe de Luísa, Renata quis saber de André. Falou baixinho, entredentes. Luísa riu da amiga e disse que, mais tarde, contaria tudo com calma. Pediu segredo a Renata, Antônia não poderia sequer ouvir falar dele, pois, com certeza, começaria a criticá-la e a querer saber de tudo. Luísa não queria falar sobre isso com a mãe.

Renata concordou e ficaram de se ver em outro dia para a amiga contar tudo. Conversaram mais um pouco e Renata ainda quis provar um doce que Antônia havia preparado, antes de ir embora. Adorava as sobremesas dela e, como Renata gostava mais de doce do que de salgado, comeu com vontade o delicioso pudim com calda. Lá pelas dezenove horas, Renata despediu-se. Abraçou a amiga Luísa, agradeceu à dona Antônia pelo lanche e se foi. Tinha seus afazeres em casa que a esperavam.

A sós com sua mãe, Luísa já pensava no que deveria fazer no dia seguinte. Primeiro, precisava conversar com Cláudio para ver como estavam as coisas com o divórcio. Faria isso logo cedo. Mas, por enquanto, era preciso arrumar uma nova rotina, ver onde iria morar.

— Mãe, posso ficar um tempo com a senhora até resolver todas as coisas? É só até o divórcio sair, aí vou para um apartamento.

— Claro que sim, minha filha, nem precisava perguntar — respondeu Antônia, com satisfação. — Seu quarto está a sua disposição, ele sempre foi seu.

— Obrigada, mãe, vai ser gostoso ficar um tempo aqui com a senhora.

Antônia adorou ter a filha perto. Desde que ficara viúva, isto já fazia cinco anos, se sentia só. Seria bom poder mimar a filha um pouco e tê-la como companhia. Por ela, Luísa ficaria morando para sempre ali. Gostava das duas filhas, é claro, mas Luísa era especial, mais carinhosa que Roberta, mais doce nas palavras, se sentia mais acolhida por ela.

Conversaram mais um pouco sobre o Tibete e Luísa, então, foi se acomodando e ficando mais à vontade.

— Bem, dona Antônia, a conversa está boa, mas vou tomar um banho, tirar essa roupa de viagem e relaxar um pouco.

— Vai sim, filha, vá tomar um banho bem quentinho. Eu já havia deixado o seu quarto preparado, está tudo arrumadinho.

— Ah, mãe querida, como sabia que eu ia ficar aqui? — brincou com a mãe, mas gostando daquele carinho todo.

— É coração de mãe, filha, toda mãe gosta dos filhos por perto.

Luísa deu um beijo na mãe como agradecimento e foi para o quarto. Assim que entrou, lembrou-se dos tempos de menina e se emocionou. Lembrou-se também do seu pai, o senhor Luís. "Que falta ele faz!", pensou, olhando com carinho seus pertences de menina que a mãe conservava. Foi até o banheiro e viu que sua mãe já havia deixado pendurados a toalha e o roupão. Emocionou-se de novo. Quanto zelo, quanto cuidado a mãe sempre teve com elas ou com qualquer outra pessoa. Agradeceu a Deus por ela ser sua mãe. "Gostaria que, em todas as vidas, se é que realmente existem outras, ela fosse minha mãe e o meu pai fosse sempre o meu pai", imaginava ela.

Luís, o pai de Luísa, foi um homem ranzinza, mas tinha bom coração. Ele faleceu vítima de um infarto do miocárdio. Em questão de segundos foi embora. Não houve tempo para se tentar nada. A mãe contava que, desde que Luís fora dispensado da empresa em que trabalhava, num processo de demissão em massa que ocorrera, ele não aguentou a tristeza e deu-se o infarto. Estava próximo da aposentadoria quando foi demitido.

Foi um baque para todos. Sempre disposto, Luís fazia os exames de rotina e tinha uma alimentação saudável, mas seu coração não aguentou o golpe de ser mandado embora. Antônia e Luís fariam trinta e cinco anos de casados no ano em que faleceu. Ela sempre lamentava a morte do companheiro, do amigo e do esposo fiel, justamente numa data tão bonita: trinta e cinco anos juntos. Não deu tempo...

Luís foi homem íntegro nos negócios, com os amigos e principalmente com a esposa e as filhas. Sempre presente, procurava dar atenção a todos e suprir tudo o que precisassem. Enfim, deixou muitas saudades...

Luísa observava a casa onde morou a vida toda até se casar com Otávio. Tudo era perfeito. Sua mãe era muito caprichosa. Os pequenos detalhes, a limpeza e o aconchego faziam com que ali fosse um lugar especial. Sempre se sentiu bem com sua família.

Terminado o banho, vestiu o roupão e foi até a cozinha, onde Antônia ainda cuidava de seus afazeres, e abraçou a mãe novamente. Queria sentir o calor de seu acolhimento. Luísa, às vezes, não concordava com as opiniões de Antônia, mas sabia que eram somente preocupações de uma mãe zelosa. Ela mesma achava que seria assim quando tivesse seus filhos. "Será que ainda terei?" pensou. Otávio havia posto um ponto final naquela relação e no sonho de ela ser mãe. Luísa projetava engravidar em mais um ou dois anos, afinal, os negócios caminhavam bem e não havia necessidade de adiar mais a gravidez. Otávio nunca havia dito se queria ou não ser pai, mas ela achava que sim. Agora, com essa reviravolta toda, Luísa teria que esperar para ver se o destino iria lhe apresentar uma nova oportunidade de realizar o projeto da maternidade.

Antônia havia acabado de colocar a louça na máquina. Alegrava-se dizendo que fora um dos melhores eletrodomésticos que havia comprado. Luísa riu do comentário e foram para a sala conversar mais um pouco.

A mãe adorou a imagem de Buda que Luísa trouxera, assim como os chás. Disse que iria experimentar todos e colocou a imagem na estante da sala. Realmente, ela ficara muito bonita ali. Não era grande, mas deu um toque de serenidade e reverência ao ambiente.

Eram quase onze da noite quando Luísa disse que estava cansada e iria se deitar.

— Vou ter um longo dia amanhã, mãe. Quero ligar logo cedo para o Cláudio e resolver as pendências o quanto antes.

— Também vou dormir, filha. Fique com Deus e bom sono.

Luísa deu um afetuoso beijo na mãe e foi para o quarto. Esperava, sinceramente, que os dias que viriam a seguir fossem de calma e paz, assim como os dias que tivera no Tibete. Jamais esqueceria aquele lugar, assim como André. "Como será que ele está agora? Nem perguntei em que revista trabalhava...", pensava Luísa já em sua cama. Esperava revê-lo e, como ele mesmo prometera, teria um exemplar da revista em suas mãos para conferirem, juntos, como ficaram as fotos que ela ajudara fazer como sua assistente. Riu de si mesma. Virou para o lado e adormeceu. Dormiu como uma pedra. Como era bom novamente ter o aconchego da casa dos pais. Sentia-se uma menina que precisava do colo deles nesta fase difícil de sua vida.

HORA DE RESOLVER PROBLEMAS

O dia amanheceu ameno e ensolarado. Luísa abriu a janela e ficou feliz em ver uma paisagem familiar aos seus olhos. Deixou o sol bater em seu rosto e respirou fundo de olhos fechados. Havia descansado bastante, sentia-se revigorada. Aprontou-se e foi tomar o café da manhã.

Antônia, com a mesa posta, havia preparado tudo de gostoso para Luísa. Beijou a filha assim que ela entrou na cozinha.

— Dormiu bem, filha?

— Nossa, minha mãe, fazia tempo que o meu corpo não relaxava desse jeito. Por mais que a gente viaje para descansar, sempre ficamos exaustos com os passeios e as caminhadas. E a melhor cama sempre é a cama da nossa casa, não é verdade?

— Ah, isso é verdade! Nunca acostumei a dormir em outro lugar que não fosse a minha própria cama. Ainda bem que deixei seu quarto arrumadinho e sua cama igualzinha de quando foi embora.

— Mas não esqueço do meu colchão, não... — riram.

Luísa comeu à vontade. Estava com saudades do quitutes da sua mãe. Teria um dia cheio pela frente.

— Mãe, assim que eu terminar o café, vou ligar para o Cláudio. Preciso tomar pé da situação.

— É, filha, é preciso enfrentar essa situação. Mas vá com calma, pelo amor de Deus. Não vá perder a paz que conquistou no Tibete.

— Dona Antônia, não se preocupe. O Tibete restabeleceu a minha tranquilidade e a sua filha não vai fazer nada de errado baseado na vingança. Esse sentimento não está mais comigo.

Antônia ficou mais sossegada. Seu coração estava um pouco apertado, não sabia como a filha poderia reagir diante do advogado. Mas aquietou-se ao perceber que, na verdade, o Tibete fizera muito bem à filha. Havia recuperado a paz que Otávio havia lhe tirado.

Passado o café da manhã, Luísa tomou coragem e, serena, ligou para o advogado. Cláudio atendeu o celular, ainda não havia saído de casa.

— Luísa, como vai? Que prazer em falar com você, não sabia que havia voltado.

— É, Cláudio, estou retomando as atividades. Foi um bom período de descanso. Estou ligando por que queria marcar uma reunião com você, ver como estão as coisas. Pode ser à tarde, na casa de minha mãe?

— Claro, combinado. Estarei aí. Precisamos conversar mesmo.

— Eu espero, então. Obrigada, Cláudio.

Luísa desligou e se jogou no sofá. Ligou um pouco a televisão para se distrair. Há quanto tempo não fazia isso pela manhã? Só voltaria a trabalhar depois que falasse com Cláudio e resolvesse a situação dos escritórios e do divórcio de Otávio.

Antônia aproveitou a presença da filha em casa e disse que precisava sair para fazer umas compras. Luísa não pretendia ir a lugar algum, queria curtir sem compromissos.

Luísa pensou em desfazer as malas, mas preferiu ficar deitada um pouco mais no sofá vendo televisão. Para que a pressa? De agora em diante não pensaria mais em pressa. A vida estressada só lhe trouxera problemas.

Por volta da hora do almoço, Renata ligou para Luísa. Conversaram um pouco e Renata queria passar lá à tarde para conversar com a amiga.

— Luísa, já que está na boa vida, vou aí desfrutar da sua companhia — brincou Renata.

— Pode vir, Renata, só que o Cláudio também vem aqui no fim da tarde para fazermos uma reunião.

— Já entendi. Tá bom, se ele chegar eu vou embora...

— Ah, é por isso que eu amo você, minha irmãzinha do coração — riram juntas e combinaram o encontro.

Antônia preparou um almoço especial, fez uma comida simples, mas com tudo o que Luísa gostava. Luísa se deliciou e Antônia se admirou com o apetite da filha.

— Puxa, não tinha comida no Tibete, filha? Passou fome? — brincou Antônia.

— Comida caseira com esse seu temperinho, não mesmo — confirmou Luísa.

Depois de satisfeita, Luísa foi ajudar a mãe a arrumar a cozinha e, em seguida, foi desfazer as malas e se arrumar para esperar Renata e Cláudio.

Enquanto abria a bagagem e ia amontoando as roupas para lavar, Luísa pensava na reunião com o advogado e esperava resolver tudo de comum acordo, não queria ter de brigar com Otávio, não queria mais se desgastar por causa dele. Contudo, não permitiria que ele se aproveita-se de sua boa vontade, ele já a havia enganado uma vez e isso não iria se repetir. Pensou em seu apartamento. Não moraria mais nele. Compraram o imóvel quando casaram e tudo ali lembraria a vida que tiveram, todos os sonhos e projetos estavam ali dentro. Mais tarde, depois de tudo resolvido, compraria um apartamento menor e perto de sua mãe. "Sim, será a melhor solução", decidiu intimamente. Se Otávio quisesse, poderia ficar morando nele. Não se importava. Ele pagaria a metade do valor do apartamento para ela. Caso não quisesse, o imóvel seria colocado à venda e o dinheiro dividido em partes iguais. Luísa pretendia ficar somente com o escritório menor. Ela queria continuar trabalhando, mas a unidade maior requeria mais trabalho e Luísa não queria voltar a se matar de tanto trabalhar. A filial estava de bom tamanho para ela, mas Otávio teria de pagar a diferença em dinheiro, afinal, a matriz faturava bem. "Não quero pensar nisso agora, este assunto me aborrece e não quero estragar a paz que estou sentindo", policiou-se.

Terminada a arrumação, Luísa ouviu a campainha. Era Renata. Foi até a sala e abraçou a amiga.

— Luísa, tudo bem, minha amiga? Sua cara está ótima, acho que ainda está sob influência do Tibete.

— É verdade, Rê. Acho que minha alma ficou por lá — brincou.

— Puxa, fico feliz por vê-la assim.

— Também acho, Renata. Pensei que minha filha fosse ficar abalada ao chegar no Brasil e dar de cara com os problemas para resolver — comentou Antônia. — Mas não, ela está aqui firme, forte e corada!

Dona Antônia serviu um café e Renata quis saber se Luísa já havia pensado em seu futuro e sobre a divisão dos bens. Luísa respondeu afirmativamente.

— Está segura de sua decisão, Luísa?

— Completamente! Não tem volta e quero apenas o que é justo. Sem desgastes e sem brigas.

— Acho que está certa! A vida segue, bola para frente.

A tarde passou rapidamente em meio aos assuntos das amigas. Novamente a campainha tocou. Agora era Cláudio. Renata e Luísa se entreolharam.

— Já sei, já sei, meu tempo acabou — disse Renata, levantando-se.

— Ah, minha irmãzinha, não me leve a mal...

— Eu sei, sua boba. Vocês tem muito o que conversar, não quero atrapalhar. Beijos, querida.

Despediram-se. Luísa abriu a porta e cumprimentou Cláudio. Renata fez o mesmo foi embora.

— Como vai, Luísa? Atrapalhei alguma coisa?

— Imagina, Cláudio. A Renata já estava de saída. Como vão as coisas? Tudo bem?

— Sim, caminhando. Você já está com a cabeça no Brasil para conversar?

— Quisera eu ter ficado no Tibete, é maravilhoso, Cláudio. Mas, estou de volta. Quero resolver logo essas pendências.

Luísa pediu para Cláudio se sentar e para a mãe fazer um novo café.

— E então, Cláudio? Tem conversado com Otávio? — quis saber Luísa.

— Sim, tenho. Ele me parece bastante desanimado, está abatido.

— Olha, Cláudio, pouco me importa como ele está se sentindo e aviso a você que nem adianta falar em reconciliação.

— Luísa, só estou aqui fazendo o meu papel de advogado, tentando conciliar as partes.

— Só que essa conciliação não passa por reconciliação. O que precisamos ver é a conciliação dos interesses de cada um. Por exemplo, o apartamento. Como vai ficar?

— Eu mandei uma proposta para uma imobiliária conhecida minha colocá-lo à venda. Não creio que o Otávio vá querer ficar lá. O melhor é vendê-lo e dividir o valor.

— Se ele quiser ficar, não me oponho. Desde que me pague.

— Não sei se ele pode fazer isso agora...

— Bem, Cláudio, problema dele. O melhor, então, é vender mesmo. E quanto aos escritórios? Pensei bem e gostaria de ficar com a filial.

— Creio que não haverá problemas em relação a isso, Luísa. Já havia falado com ele por cima sobre isso e acho que ele vai concordar.

Cláudio mudou de assunto e falou a respeito dos papéis do divórcio. Nesse instante, Luísa sentiu uma pontada no coração. Um breve filme passou em sua cabeça. Há quatro anos, estava assinando no cartório a sua união com o quase ex-marido. Alegria, sonhos de uma vida feliz, projeto a dois. Agora, estava prestes a fazer o contrário. Tudo estava terminando de maneira melancólica. "Quantas voltas a vida dá, nunca sabemos o dia de amanhã", pensou rapidamente Luísa. Não imaginava que seu casamento fosse durar tão pouco. Aliás, quando havia se casado, imaginou que ficaria com Otávio para o resto de sua vida, até verem seus netos crescer. Mas, agora, isso não iria acontecer. Seus olhos ficaram marejados e Cláudio percebeu o sentimento que envolvia Luísa naquele instante. Tratou de ser o mais breve possível e ficou de ligar assim que fosse possível para assinar os papéis.

— Obrigada, Cláudio, pela sua atenção. Vou aguardar uma ligação sua. E, para você saber, não pretendo voltar aos escritórios até tudo se resolver. Não quero ser alvo de comentários, não preciso passar por isso...

— Eu entendo, Luísa. Fique tranquila, vou cuidar de tudo o mais rápido possível. Se necessário, nos reuniremos aqui mais vezes, para mim não há problema algum. Bom retorno ao Brasil.

Despediram-se e Luísa fechou a porta com um sentimento estranho. Nunca havia passado por uma situação assim, como era difícil e desagradável tratar de assuntos dessa natureza. As perdas machucam sempre, quer queira ou não. Sentou-se no sofá e ficou olhando para a frente com o olhar meio perdido.

Antônia entrou na sala e viu o rosto da filha. Sabia que deveria estar sendo difícil para ela, mas acreditava que iria superar tudo isso. Luísa aparentava ser frágil, mas, no fundo, era corajosa e enfrentaria de cabeça erguida toda aquela situação. Antônia foi até a filha e a abraçou. Disse que estava rezando por ela e acreditava que seu pai, seja lá onde estivesse, também estaria fazendo o mesmo.

Luísa não se conteve e começou a chorar. Emocionada com o comentário da mãe, confessou que ainda sentia muito a falta de seu pai.

— Eu sei, filha. Eu, mais do que ninguém, também sinto muito sua falta. Foi um grande companheiro e um excelente pai.

— Sei que, nesse momento, ele teria a palavra certa de consolo para me dizer, me deixaria encostar em seu peito e ficar quietinha...

Antônia e Luísa não podiam ver, mas Luís estava perto delas. Sentia-se emocionado também. Ao seu lado, um amigo espiritual que sempre o acompanhava quando vinha à Terra. Era Eustázio. Orientador e amigo de Luís desde que ele desencarnara, Eustázio já se encontrava no plano espiritual há muito tempo e ajudava Luís em sua nova condição, esclarecendo dúvidas e questionamentos acerca da vida e do novo mundo em que vivia. Após sofrer aquele infarto, Luís havia chegado ao plano espiritual bastante confuso, já que a morte fulminante não lhe dera a noção de ter morrido. Parecia que continuava tudo igual. Via-se como encarnado. Só começou a perceber que algo havia mudado quando viu sua mãe vindo abraçá-lo, ela já havia morrido anos antes. Perguntou para si mesmo se não estaria sonhando e Clotilde, captando seus pensamentos, esclareceu, em lágrimas de alegria, que ele já não pertencia mais ao mundo material e, agora, começaria uma nova vida na espiritualidade. Dali para frente, com a ajuda de Eustázio, Luís foi se adaptando à sua nova condição.

Naquele momento, naquela sala e diante do sofrimento da filha Luísa, Luís só podia confortá-la emanando boas vibrações para que ela se fortalecesse. Eustázio o ajudou na oração e Luís viu que a filha havia parado de chorar. Abraçou-a, com carinho, e beijou-lhe a testa.

— Minha filha, confie em Deus. Tudo passa...

Luísa aninhou-se mais no colo da mãe e Eustázio recomendou:

— Luís, deixemos agora que ela descanse um pouco. Retornaremos outra hora.

Luís concordou e ambos volitaram em direção à colônia que habitavam.

NO CENTRO ESPÍRITA

Luísa acordou mais disposta do que no dia anterior. A companhia da mãe e o aconchego do lar transmitiam a ela forças para continuar.

Por enquanto, não havia o que fazer. Teria de esperar Cláudio ligar para ela. Preencheria seu tempo de alguma forma nessas férias forçadas férias que estava passando. Seria bom dar um tempo para si. Lembrou-se de André, haviam trocado os números de telefone. Seria cedo para ligar? Mal havia chegado ao Brasil... Temeu ser muito afoita e passar uma imagem errada de si mesma. Esperaria mais um pouco. Quem sabe ele também não ligasse para ela?

Antônia havia saído e deixado um bilhete informando que tudo estava na mesa para o café. Luísa sorriu com o carinho da mãe: "Sempre cuidadosa com as filhas, não é, dona Antônia?" Serviu-se e fez seu desjejum.

Hora de preencher o dia. Luísa, após o café, sentou-se na sala e decidiu arrumar o cabelo. Talvez cortá-lo um pouco e mudar a cor. A viagem e o frio haviam judiado de sua aparência. Lá no Tibete não tinha como fazer isso. Agora era o momento: estava de férias e queria cuidar de sua imagem para marcar a inauguração de uma nova etapa na vida. Resolveu ir ao salão e depois passear no shopping ao lado para espairecer. Almoçaria por lá mesmo. Não queria que sua mãe se preocupasse ou ficasse na cozinha o tempo todo por causa dela. Sabia que, depois da morte de seu pai e das filhas terem casado, Antônia não tinha mais esses compromissos com o fogão, horários e afazeres. Ligaria mais tarde para sua mãe e avisaria que tirara o dia para curtir a vida.

Assim fez. Luísa foi até o salão, reviu as amigas de lá, que comentaram sobre o seu sumiço, e, por fim, optou por um corte simples, mas marcante. Deu tempo de colocarem a conversa em dia e saiu satisfeita com o resultado de seu novo visual. Gostava do trabalho de seu cabeleireiro. Parecia outra pessoa: novo corte, novo penteado e nova cara. Agora, andava pela rua em direção ao shopping vizinho e sorria com altivez. Até sua autoestima havia melhorado!

Já no shopping, começou a ver as vitrines, as novidades e não pode deixar de fazer uma comparação com o estilo de vida do Tibete: "Lá não existe nada disso, lojas, consumismo em excesso, o que vale é a paz." De repente, distraída e observando uma loja de sapatos, aconteceu o que Luísa não imaginava que pudesse acontecer: encontrar Otávio. Ele estava andando pelo mesmo corredor, ela quis desviar-se, mas não foi possível.

— Luísa! Nossa, que surpresa! Que coincidência!

— Aliás, bem desagradável... — devolveu ela, sem a menor vontade de falar com ele.

— Espere... Luísa! Talvez não tenha sido uma coincidência, mas sim um sinal... Vamos conversar!

— Conversar? Eu não tenho mais nada para conversar com você! E o que está fazendo aqui? Está me seguindo?

— Eu? Claro que não, vim apenas trocar uma camisa... Luísa, vamos tomar um café e conversar como dois adultos.

— Café? Você está louco, Otávio? Eu não quero conversar com você. Aguarde uma ligação do Cláudio para resolvermos as pendências. Entendeu?

Otávio, então, não insistiu mais. Estavam num local público e ele não queria escândalos. Não gostava de cenas. Baixou a cabeça decepcionado, lançou um último olhar para Luísa e saiu andando sem se despedir.

Luísa, assim que ele foi embora, ainda tentou ficar mais um pouco no shopping, precisava almoçar, mas foi embora também. Otávio havia conseguido acabar com seu apetite e tirar o prazer de estar ali. Voltou para casa.

Assim que chegou, sua mãe elogiou o seu novo cabelo e disse que havia ficado muito bom.

— O pior foi depois, mãe. Fui até o shopping para me distrair e dei de cara com o Otávio.

— O Otávio? No shopping a essa hora? O que ele estava fazendo lá?

— Ah, disse que foi trocar uma camisa, sei lá...

— E vocês conversaram?

— Não, eu não dei espaço para isso. Ele até insistiu, mas eu não estava com a mínima vontade de trocar uma sílaba com ele.

— Vocês brigaram?

— Não, não chegamos a tanto. Mas falei poucas e boas e ele saiu andando de cabeça baixa. Não tenho mais nada para falar com ele, mamãe. Sinto muito!

— Você está certa, filha. Siga em frente... Então, não almoçou, não é? Pode sentar aí, a senhorita vai comer.

— Ah, mãe, não queria dar mais trabalho para a senhora. Por isso eu ia comer no shopping...

— Deixe de bobagem, menina. Não é trabalho algum.

Luísa sabia que sua mãe realmente não se importava em cuidar dela. Ofereceu ajuda e Antônia pediu para ela lavar as folhas de alface para a salada. Luísa arregaçou as mangas e começou a ajudá-la. Em pouco menos de uma hora, o almoço estava pronto, servido e ambas se sentaram para comer.

Antônia avisou Luísa que, à tarde, iria à reunião do centro espírita que havia começado a frequentar. Sua vizinha havia indicado, dizendo que era uma casa idônea e com uma vibração muito boa.

— As preces são muito bonitas, você sente uma paz muito grande.

— A senhora sempre gostou dessas questões ligadas aos espíritos, não é, mãe?

— É verdade, filha. Apesar de eu já ter frequentado diversas religiões, sempre me afinizei mais com os centros espíritas. Você não quer ir comigo? Vai lhe fazer bem.

Luísa achou que não seria má ideia. Concordou em ir. Quem sabe, ela mesma não pudesse começar a frequentar algum lugar que lhe trouxesse paz. A mesma paz que sentiu no Tibete e que tanto bem fez a sua alma. Sempre sentiu a necessidade de acreditar em algo que a preenchesse, de acreditar "que havia uma razão para tudo", como dizia sua mãe.

Assim ficou combinado: iriam ao centro naquela tarde.

*

Por volta das três horas, Antônia e Luísa entraram na casa espírita. O ambiente era calmo. A música de fundo tocava, suave, e havia pouca luz no salão. Sentaram-se.

Em poucos minutos, os trabalhos começaram. A prece, lida por um dos trabalhadores da casa, falava de amor e de perdão. Luísa até pensou consigo mesma se, um dia, teria condições de perdoar Otávio. Após a leitura, uma outra trabalhadora fez uma breve explanação sobre o assunto lido e, ao término, fizeram uma oração. Logo em seguida, foram tomar um passe. Entraram na fila e, uma a uma, as pessoas foram sendo atendidas. Luísa sentiu-se bem melhor assim que tomou o seu passe, saiu da sala revigorada.

No caminho de volta para casa, Luísa comentou isso com sua mãe:

— Nossa, na hora do passe, senti uma onda de energia, me deu até arrepios.

— É assim mesmo, filha. O médium passista transmite as energias que a espiritualidade nos fornece, tudo o que é de ruim vai sendo retirado e, por fim, recebemos energias novas que nos equilibram.

— Exatamente! Eu me senti mais tranquila e equilibrada, foi uma sensação ótima.

— Sabe, Luísa, eu já frequentei outras duas casas espíritas, mas esta foi a que eu mais me identifiquei, me afinizei muito com a vibração deste centro.

— Eu também gostei muito, me passou muita paz e harmonia.

A mãe foi contando também que, certo dia da semana, havia no centro o trabalho de psicografia, explicando que era uma comunicação dos espíritos desencarnados para seus familiares. Muitas vezes, mães, viúvas, filhos, pais inconformados apareciam no centro em busca de uma mensagem e informações de seus parentes que partiram.

Vinham até a casa à procura de conforto. Sempre que permitido pela espiritualidade maior, o intercâmbio entre encarnados e desencarnados ocorria e lindas mensagens consoladoras eram psicografadas, para alegria dos parentes que as recebiam.

Luísa logo pensou no pai e Antônia imaginava no que a filha deveria estar pensando:

— A senhora já recebeu alguma carta do papai? — perguntou Luísa, curiosa.

— Filha, para falar a verdade, nunca pedi uma comunicação, apesar de saber do trabalho. Quem sabe um dia...

Luísa ficou pensativa, mas não comentou mais nada com a mãe. Ela sim, teria curiosidade de pedir uma carta. Iria pensar no assunto com mais calma.

Chegando em casa, Antônia fez um café as duas e tomaram um lanche. Enquanto saboreavam os quitutes, o telefone tocou. Era Renata convidando Luísa para comerem uma pizza. Combinaram e, logo mais à noite, ela passaria lá para pegar a amiga.

— Não esqueça que está me devendo uma historinha da sua viagem, hein? — cutucou Renata.

— Você virou apresentadora de programas de fofoca, é? — respondeu Luísa, um pouco tímida.

— E quero ouvir tudo com riqueza de detalhes... — riu Renata.

Marcaram para as oito da noite. Luísa convidou a mãe para ir junto, mas ela não quis. Sabia que Antônia não gostava de sair à noite, preferia ficar vendo suas novelas.

Mais tarde, faltando dez minutos para o horário, Renata tocou a buzina do carro. Luísa deu um beijo na mãe e saiu dizendo que não iria demorar.

— Não se preocupe comigo, minha filha, vá se divertir — despediu-se Antônia entregando outra chave do portão e da casa para Luísa entrar.

— Oi, Rê, tudo bem? Conseguiu sair à noite sozinha? Que chique! — cumprimentou Luísa.

— Oi, amiga! Ah, hoje é o meu dia, deixei os filhos curtindo a pizza deles lá em casa. E depois, claro que não estou aguentando de curiosidade sobre o seu *affair*.

— Ah, Rê, não foi nada demais. O André é fotógrafo de uma revista e estava a trabalho. Estávamos no mesmo hotel.

— E no mesmo quarto? — riu alto Renata.

— Claro que não, sua doida... Eu apenas passei a acompanhá-lo em suas fotos como uma espécie de assistente... — agora quem ria era Luísa.

— Espécie de assistente? Como assim?

— Eu ajudava o André com os equipamentos, as lentes, carregava o material. Depois almoçávamos juntos ou saíamos para passear.

— E depois? — alfinetava Renata.

— Ora, e depois nada...

— Luísa, você quer me convencer de que, vocês dois, sozinhos, do outro lado do mundo, não aconteceu nada?

— Não, Renata, só um beijo e quase de despedida. O André voltou antes de mim e trocamos os telefones e e-mails. Ele é do Rio de Janeiro.

— E daí? O Rio é aqui pertinho... Você se interessou de verdade por ele?

— Olha, Rê, confesso que senti uma emoção diferente, um calor dentro de mim. Fiquei preocupada se isso não seria reflexo da separação, algum tipo de carência. Mas quando nos beijamos, senti um click...

— Bem, então não estamos falando apenas de um romance de viagem. Por que não o procura? Ligue na revista dele.

— Sabe que eu acabei não anotando o nome da revista? Não sou uma burra?

— Bem, mas já que tem o telefone e o e-mail, faço o contato — incentivou Renata.

— É, vamos ver, essa semana vou tentar falar com ele.

Já na pizzaria, escolheram o sabor e jogaram conversa fora como há muito tempo não faziam. Enquanto conversavam, Renata comia a pizza com muito gosto e fazia caretas de prazer. Luísa achava engraçado o jeito de ser da amiga, sempre espontânea.

— Estou cansada de dietas e de academia — reclamou Renata. — Agora, eu quero é comer pizza... mas, só de vez em quando — corrigiu-se falando baixinho.

Luísa achava sua amiga bonita. É verdade que ela tinha uma tendência para engordar, mas sempre se manteve cuidada e, para ela, isso pouco importava. Adorava Renata de qualquer jeito. Eram amigas há muito tempo, não imaginava sua vida sem ela. Sempre procurava por seus conselhos e conversavam a respeito de tudo. Já com Roberta, sua irmã, isto não era possível. Roberta tinha outro temperamento, eram como água e vinho.

Terminada a pizza, pagaram a conta e Renata levou Luísa para casa. Amanhã, logo cedo, Renata teria de levar os filhos no inglês e, por isso, não poderia demorar mais. No caminho de volta, ainda conversaram mais um pouco e Luísa contou mais coisas sobre o Tibete.

Luísa despediu-se de Renata e agradeceu o convite. Beijou a amiga, desceu do carro e entrou. Assim que chegou, viu que Antônia ainda esperava por ela. Beijou a mãe.

— Ainda está acordada? Não estava me esperando, estava?

— Não, filha, só estava acabando de ver esse programa na TV. Você se divertiu?

— Ah, mãe, é sempre bom sair com a Renata, ela é muito divertida.

— Puxa, Luísa, você e sua irmã poderiam tentar se dar bem assim desse jeito.

— É difícil, mãe, a senhora sabe como a Roberta é...

— Eu sei, paciência, querida. Bem, vou deitar. Bons sonhos, filha.

— Até amanhã, mãe.

A SEPARAÇÃO

No dia seguinte, logo pela manhã, Cláudio ligou. Luísa havia acabado de acordar e ainda estava tomando café. Antônia passou o telefone para a filha, que se surpreendeu ao ver Cláudio ligando tão cedo para ela.

— Bom dia, Luísa. Espero não tê-la acordado.

— Bom dia, Cláudio. Não, não, já estava de pé...

— É que preciso conversar com você. Tenho um recado do Otávio, ele quer que você lhe dê uma nova chance e...

— Nova chance? Pensei que vocês estivessem tratando do divórcio e não de uma nova chance.

— Veja, Luísa, só estou repassando um recado que o Otávio pediu. Fico numa situação difícil, pois sou advogado de vocês dois e estou tentando um acordo.

— Sim, eu sei, mas não um acordo que fale em uma volta. Isso não é mais possível.

— Eu entendo, Luísa. Bem, vou dizer essa sua posição para ele e queria pedir para você passar no meu escritório às três e meia para assinar uns papéis.

— Está certo, Cláudio, combinado. Estarei lá. Abraços.

— Até mais, Luísa.

Luísa contou para mãe que iria, logo mais à tarde, ao escritório de Cláudio. Antônia achou bom e queria que tudo se resolvesse o quanto antes para a filha pôr um ponto final nesta história e iniciar uma nova vida definitivamente. Se Luísa estava decidida a se separar de Otávio, que o fizesse rápido.

O que Luísa não imaginava era que Otávio também estaria esperando por ela no escritório do advogado no horário acertado. Otávio tentaria, uma última vez e ao vivo, sem intermediários, reatar com Luísa.

Luísa aproveitou a manhã para checar seus e-mails no quarto. Desde que voltara do Tibete ainda não havia feito isso. Eram muitas mensagens, muitas propagandas, até que seu coração bateu mais forte e acelerado. André havia lhe mandado um e-mail com a capa da revista sobre o Tibete. Estava maravilhosa! Só então Luísa descobriu que André trabalhava para uma revista voltada para o bem-estar, vida saudável, desenvolvimento pessoal e espiritual. No corpo da mensagem, André disse que estava com o exemplar de Luísa guardado e entregaria a ela assim que se encontrassem. Comentou também que havia ficado muito feliz em conhecê-la e, se ela pudesse, que mandasse notícias para manterem contato.

Luísa leu e releu o e-mail. Ficou feliz em ver que ele não havia esquecido dela. Por enquanto, não contaria nada para sua mãe, até porque não sabia no que tudo isso iria dar. Mal eram namorados oficiais, apenas estavam se conhecendo.

Ligou para Renata e contou a novidade.

— Rê, o André me mandou um e-mail, ele não esqueceu de mim... — Luísa vibrava com a notícia.

— Aiiii, que maravilha! — deu um gritinho de felicidade Renata. — E você já respondeu? O que você escreveu?

— Não, ainda não respondi. Vou fazer isso assim que terminar de falar com você.

— Então, o que está esperando? Vá lá e escreva para ele, menina! Tchau! — e desligou na cara de Luísa, que ria do comportamento da amiga.

Luísa, na realidade, não se sentia em condições de responder nada, naquele momento, para André, mas preferiu falar para Renata que mandaria uma mensagem de volta para ele. No fundo, o telefonema de Cláudio havia mexido um pouco com ela. O fato de ir assinar alguns papéis, com certeza, seria o início de sua separação de Otávio. Aquilo que tanto desejava começaria a se materializar e abalos emocionais aconteceriam. Ninguém se separa do marido e passa incólume por essa situação. Luísa já se considerava separada de Otávio desde que vira aquela cena repugnante no escritório entre ele e Raquel. Agora, seria apenas a finalização daquele caso. "Será que todos no escritório já sabem de tudo?", pensou ela. "Realmente será melhor eu ficar com o escritório menor, não vou me expor muito", avaliava. Falaria sobre isso com Cláudio também.

Após ver outros e-mails, resolveu colocar um agasalho, um tênis e fazer uma caminhada. Sua mãe morava em um bairro tranquilo, arborizado, e os moradores tinham por hábito se exercitar por ali na avenida ou passear com os cachorros. Nem parecia que moravam em São Paulo. O bairro era bem residencial e parecia uma cidade do interior. Talvez por isso Antônia tenha conseguido morar lá desde que se casara com Luís. A mãe de Luísa era do interior e Luís, de São Paulo. Haviam se conhecido quando ele fez uma viagem a trabalho para a cidade dela. Chegou lá justamente no período de uma festa anual que a cidade de Antônia fazia, uma comemoração muito esperada na região. Antônia era uma jovem muito bonita e de olhos claros. Sempre ajudou na organização da festa. Luís ficou encantado com ela e como a cidade ficava apenas cem quilômetros de São Paulo, engataram um namoro e depois o casamento. A princípio, Antônia estranhou a mudança de cidade, mas conseguiu permanecer em São Paulo devido ao bairro se assemelhar bastante à sua cidade. Luís havia escolhido a dedo aquele local, não queria que Antônia ficasse deprimida e com saudades de sua cidade. Por fim, adaptaram-se.

Luísa conhecia bem essa história e saiu lembrando dela, sorrindo sozinha, com carinho, pela bonita história de seus pais. O céu dava sinais de que mais tarde iria chover. Por enquanto, pessoas passeavam com seus cães e as mamães, com seus carrinhos de bebê, reuniam-se na praça para conversar umas com as outras.

Luísa pensou na sua vontade de ser mãe. Tinha medo de estar ficando velha e não poder realizar esse sonho. Antônia lhe dizia para não se preocupar com isso, que ela ainda era nova. Porém, Luísa ficava preocupada: estava agora com trinta e quatro anos e não imaginava se separar de Otávio. Será que daria tempo de encontrar outra pessoa, se casar de novo e ainda ter filhos? Pensou em André, mas achou essa uma hipótese remota. Sua irmã, Roberta, tinha dois anos a mais que ela e já era mãe de sua sobrinha, agora com dez anos. Roberta havia se casado aos vinte e seis e grávida de dois meses. Os pais souberam da gravidez, mas como Roberta já estava noiva, não acharam aquilo o fim do mundo. Foi só uma questão de apressarem um pouco os preparativos para a união definitiva.

Luísa andou um pouco e sentou-se para apreciar o movimento. Gostava daquele bairro. Era bonito e, por incrível que pudesse parecer, havia muito verde em comparação com outros locais, tudo em meio a uma cidade poluída como São Paulo. Um menino de aproximadamente quatro anos deixou a bola com que brincava cair perto de Luísa e ela devolveu com um sorriso. "Que menino lindo!", pensou. Como seriam seus filhos? Com cabelos castanhos como os seus ou mais claros como os de sua irmã? Teria olhos claros como os de Antônia ou castanhos como os dela? Sua sobrinha tinha olhos claros e cabelos castanhos. Era linda e lembrou-se de Marcela com muitas saudades. Fazia tempo que não a via. Trouxe uma bonequinha do Tibete para ela. A boneca trajava roupas típicas e era maravilhosa. Era só um enfeite, mas esperava que Marcela gostasse e a guardasse com carinho para sempre se lembrar da tia. Resolveu caminhar mais um pouco e ir embora. Tinha que tomar um banho e se preparar para a reunião com Cláudio. Precisava ainda separar os documentos que o advogado havia pedido.

Quando chegou em casa, Antônia avisou que seu celular havia tocado. Luísa havia deixado o aparelho em casa, queria um momento de paz. Olhou para ver se conhecia o número, mas não o reconheceu. Esperou um pouco para ver se ligariam novamente. "Será que foi o André?", pensou esperançosa com um ar quase adolescente.

— Por que a senhora não atendeu, mãe? Talvez fosse algo importante, algum recado do Cláudio.

— Ah, filha, você sabe que eu não atendo telefone celular dos outros. Respeito a intimidade de cada um.

— Que bobagem, mãe. E eu tenho segredos que a senhora não pode saber?

— Sei lá, você é adulta e tem sua vida, não?

— Mas acho que foi alguém querendo vender alguma coisa, eu não conheço esse número.

— Filha, você vai sair à tarde, não é? Poderia me
deixar perto do supermercado? Tenho umas coisinhas
para comprar, mas tem que ser no mercado lá da avenida.

— Claro, mãe, sem problemas. Quer que eu espere?

— Não, não se preocupe, você tem sua reunião.
Basta me dar uma carona que já está ótimo!

Luísa foi para o banho e pensou em, logo mais à
noite, enviar uma mensagem para André. Mas antes teria que enfrentar a reunião e a papelada com o advogado.
Conseguiria se livrar de tudo hoje?

Lá pelas duas e meia da tarde, Luísa saiu com sua
mãe de casa. Deixou-a onde ela havia pedido e rumou
para o escritório de Cláudio. Levaria uns quarenta minutos para chegar lá.

Como o trânsito estava bom, Luísa chegou rápido.
Estacionou o carro na garagem do prédio e subiu após
identificar-se na portaria. O edifício do escritório de
Cláudio era muito bonito e bem moderno, todo espe-
lhado por fora. Quando chegou ao andar, cumprimentou a secretária de Cláudio, que foi anunciá-la:

— Dr. Cláudio, a dona Luísa está aqui.

— Pois não, Soraia, pode deixá-la entrar.

Soraia apontou a porta para Luísa e ela sentiu um
clima estranho na recepção. Conhecia Soraia devido às
relações profissionais de ambas, ela sempre fora mais

brincalhona e gentil. Hoje estava mais seca, sem sorrir e mais formal.

Pois foi Luísa entrar na sala de Cláudio e tudo estava explicado. Lá estava Otávio sentado em uma cadeira à espera da ex-esposa.

— Cláudio! O que é isso? Que brincadeira é essa? — indagou Luísa um tanto surpresa.

— Calma, Luísa! Boa tarde. Precisamos conversar com tranquilidade e o Otávio também pediu essa reunião antes de assinarem os papéis do divórcio — respondeu o advogado.

— Estou me sentindo traída de novo — devolveu ela.

— Luísa, fique calma — interferiu Otávio. — O Cláudio não tem nada a ver com isso. Ele é nosso advogado e fui eu que insisti para vir aqui hoje.

— Eu acho melhor me retirar... — Luísa fez menção de levantar-se.

— Por favor, acalme-se, Luísa — Otávio segurou em seu braço. — Não vamos chegar a lugar algum se você continuar com esse comportamento infantil.

— Infantil? Olha quem fala em atitudes infantis!

— Por favor, vocês poderiam se tranquilizar? — interferiu Cláudio com firmeza. — A situação já é difícil e assim nada vai se resolver. Peço a compreensão de vocês para podermos prosseguir!

Luísa se sentou outra vez e pediu desculpas a Cláudio. Otávio, sem olhar mais para Luísa, aguardou de cabeça baixa.

— Cláudio, creio não haver mais nada a ser dito. Vamos continuar com rapidez, por favor — solicitou Luísa, falando um tom mais baixo.

— É meu dever como advogado, Luísa, perguntar--lhe se tem certeza de que quer se separar de Otávio. Vou preparar uma separação consensual, um acordo, mas preciso saber isso.

— Como eu já havia falado em casa, Cláudio, não há caminho de volta. Eu quero a separação!

— E você, Otávio? — voltou-se para ele o advogado.

— Bem, diante dessa decisão irreversível de Luísa, nada tenho a dizer em contrário. Reconheço a minha falta de compromisso com o casamento e a minha atitude errada. Entendo a posição de Luísa. Pode dar andamento nos papéis, Cláudio.

Nesse instante, Luísa deixou escapar uma lágrima dos olhos e Otávio percebeu. Imaginou como Luísa deveria estar se sentindo desde que o flagrara aos beijos com Raquel. Até se questionava: por que fizera aquilo para estragar seu casamento? Por que não podia permanecer com uma mulher só? Otávio não negava que aquela situação mexia muito com ele. Sentia agora uma espécie de sentimento de culpa ao perder definitivamente Luísa. Pensava até em mudar seu jeito de ser. Talvez fosse tarde para ter Luísa novamente, mas, pelo menos, seria um homem mais fiel e dedicado após esse episódio. Também queria sair um ser humano melhor dessa separação.

Otávio até já havia conversado com Raquel e encerrado o caso. Ela não se conformou com o rompimento do relacionamento, muito questionado, aliás, por Otávio. Ele alegava que apenas saíram duas ou três vezes e ele nunca lhe prometera nada. Raquel também sabia que não o amava, mas via naquele caso uma chance de ocupar uma melhor posição dentro do escritório e uma possibilidade, remota, de se tornar dona de tudo aquilo um dia, passando da condição de uma simples funcionária para a de esposa do dono da empresa. Raquel vinha de uma posição humilde que não lhe permitia ter tudo que Luísa e Otávio possuíam. Via Luísa sempre arrumada, com roupas caras e queria ser assim também. É verdade que era muito mais bonita que Luísa e chamava a atenção pelo rosto e corpo bem feitos. Foi, então, que resolveu usar de seus dotes físicos para encantar Otávio. Mas, agora, ele não queria mais nada com ela. Raquel não se conformava. Tentaria reconquistá-lo depois da separação.

Luísa assinou os papéis necessários e se despediu de Cláudio. Olhou para Otávio e finalizou a reunião:

— Pode ter certeza, Otávio, de que estou me sentindo muito bem e aliviada por assinar esses documentos. Boa tarde!

Virou-se e saiu. Estavam divorciados! Cláudio encaminharia o acordo para a homologação do juiz. Era questão de tempo.

TOMANDO DECISÕES

No dia seguinte, Luísa comentou com a mãe que Otávio queria uma reconciliação antes de assinarem os papéis. Criticou o agora quase ex-marido, achou aquela atitude uma petulância despropositada dele.

Antônia apenas ouvia e procurava não dar muitos palpites na separação da filha, sabia que o momento já era difícil, não queria perturbar mais a cabeça de Luísa com opiniões. Achava que tudo se resolveria naturalmente e a filha era suficientemente madura para aguentar aquilo tudo.

Nada como a experiência! Antônia havia aprendido com a vida a esperar o tempo certo das coisas. Seu temperamento, hoje mais calmo, permitia que agora fizesse isso, mas nem sempre foi assim. Houve um tempo, antes de se casar, em que Antônia fora uma pessoa inconformada e impulsiva. Sua família não era rica, mas tivera condições de estudar e nunca lhe faltara nada. Seus pais tiveram cinco filhos e Antônia era a caçula. Sua mãe, sempre bondosa, tinha na oração e em Deus o seu porto seguro. Seu pai era uma pessoa de temperamento violento. Muitas vezes, viu sua mãe apanhar devido ao efeito do álcool em seu pai. Chegava embriagado e se transformava. Antônia não se conformava com aquilo e queria que a mãe se separasse dele. Dona Amélia, a mãe de Antônia, dizia que logo ele ficaria bom e, então, tudo voltaria a ficar como antes. Seus irmãos também viam a cena se repetir sempre que ele bebia, mas também tinham medo dele.

Aos poucos, seu pai deixou que a bebida tomasse conta dele. Certo dia, ele sentiu-se muito mal e foi levado às pressas para o hospital. Lá foi constatado que tivera um derrame. Medicado, ficou internado uns dias e liberado. Recuperou-se bem, mas a recomendação foi de que não bebesse mais. Da próxima vez, poderia ser fatal. Dona Amélia, sempre confiante na bondade divina, agradecia a Deus pelo milagre e pela recuperação do marido.

Por causa do alcoolismo, Antônia nunca tivera um bom relacionamento com o pai, o senhor Pedro. Mesmo depois de sofrer o derrame, ela continuava com reservas em relação a ele. Quando se casou com Luís, agradeceu a Deus por sair de casa. Casou-se por amor, é verdade, mas considerava um alívio sair daquele ambiente. Não sabia se iria se acostumar na cidade grande, mas amava o marido e o acompanharia onde fosse.

Antônia começou a mudar assim que assumiu as responsabilidades de mãe e de dona de casa. Agora, via no casamento muito do que sua mãe lhe falava. Luís era um homem bom e de caráter irrepreensível, mas também tinha um forte gênio e Antônia lutava para manter a paz em seu lar. Suas filhas Luísa e Roberta eram o oposto uma da outra. Luísa se parecia mais com ela e Roberta com o pai. Com o tempo, Antônia também apegou-se à oração. Mudara algumas vezes de religião até encontrar na Doutrina Espírita as respostas e os esclarecimentos para as suas dúvidas sobre os problemas que havia passado na vida.

Luísa ainda reclamava da atitude de Otávio:

— Não tem cabimento, né, mãe? Depois de tudo o que aconteceu...

— Mas, filha, e se ele estiver falando a verdade? E se estiver mesmo arrependido, querendo outra chance? Desculpe falar, mas só estamos conversando...

— Tudo bem, mãe, eu sei, a senhora gostaria que nada disso estivesse acontecendo. Mas como eu fico? Se eu voltar com ele, como posso confiar novamente no Otávio? A cada atitude que saia da rotina, o fantasma da traição vai aparecer de novo! Não sei levar uma vida assim.

— É, não é fácil, filha. Eu concordo. Faça, então, o que o seu coração mandar.

— Pois está decidido, mãe. Vamos nos divorciar, não tem volta...

*

O dia seria agitado. Renata ficara de passar à tarde para saber o que havia acontecido na reunião com o advogado. Luísa ficou feliz em poder contar com o apoio da amiga. A irmã Roberta também passaria lá mais tarde. Luísa surpreendeu-se ao ver que fazia mais de dois meses que não via sua irmã e a sobrinha Marcela. Aproveitaria para dar a boneca que trouxera do Tibete para a menina e a echarpe para sua irmã. Antônia ficou feliz por Luísa lembrar-se de Roberta em sua viagem. O relacionamento das irmãs até havia melhorado nos últimos tempos, mas a mãe sempre ficava apreensiva quando as duas se encontravam. Torcia para que o amadurecimento de ambas fizesse com que, aos poucos, elas se unissem mais. Seria bom para o futuro e a velhice delas, acreditava a mãe.

Luísa ajudou a mãe a preparar o almoço e comentou que queria voltar logo a trabalhar, retomar sua rotina. Antônia concordou:

— A melhor coisa é você ocupar de novo sua cabeça — disse a mãe.

— Também acho. É bom ter objetivos na vida, viver novos desafios. Uma meta que quero realizar é comprar logo um apartamento pequeno.

— Que pressa é essa, filha? — opinou Antônia com uma pontinha de tristeza.

— Não é pressa, mãe. É que preciso organizar minha vida de novo e não quero ficar aqui eternamente dando trabalho. Mas vou procurar algo aqui pelo bairro, pode ficar tranquila — informou Luísa, afagando sua mãe. Sabia que ela ficaria um pouco triste com sua saída de casa.

— Por mim, você pode ficar morando definitivamente aqui, não é trabalho nenhum. É que você quer o seu cantinho, eu sei como é — afirmou Antônia, abraçando a filha. Estava feliz por ver a filha com projetos futuros.

— A senhora não vai ficar livre de mim, não, dona Antônia. Sempre estarei por aqui.

Após o almoço, por volta das quinze horas, Roberta chegou. Assim que Antônia abriu a porta, Marcela abraçou a avó com o carinho. Roberta beijou a mãe. Luísa apareceu na sala:

— Roberta! Quanto tempo não vejo você! Como está bonita! — abraçou a irmã. — E essa menina linda? Como está grande, Marcela! Venha cá dar um beijo na tia!

— Como você está, Luísa? Aproveitou bem as férias?

— Eu estou bem, caminhando, dando um pouco de trabalho para a mãe. E a viagem me fez muito bem, o Tibete é um espetáculo.

— E o Otávio? — quis saber Roberta.

— Não sei dele. Eu o vi no escritório do advogado, queria até reatar, mas eu pedi para o Cláudio dar entrada nos papéis do divórcio. Já devem estar em andamento.

— Você não acha que se precipitou, Luísa? — questionou a irmã.

— Me precipitei? Roberta, o que queria que eu fizesse? Claro que não, acho que fiz o correto.

— Não sei, Luísa, sabe como é, os homens são assim mesmo, meio mulherengos. Se fosse comigo, acho que daria uma nova chance.

— Mas não penso assim.

Antônia viu que os ânimos começavam a se exaltar. Luísa olhou para a mãe sabendo da intenção de Roberta em lhe provocar. Tentou desanuviar o ambiente que ficava tenso.

— Deixa eu ir no quarto pegar os presentes — disfarçou Luísa. — Mãe, que tal fazer um café para nós?

— Boa ideia, filha.

Marcela foi com a tia pegar as lembranças.

— Este é seu, Marcela.

— Nossa! Que boneca linda, tia Luísa! Obrigada! Ela é japonesa?

— Não, Marcela, é tibetana — explicou Luísa, rindo da ingenuidade da menina.

De volta à sala, Luísa entregou o pacote para Roberta, que agradeceu sem abri-lo. Antônia e Luísa se entreolharam. As duas sabiam como era Roberta e não esperavam atitude diferente.

Minutos depois, Renata chegou. Cumprimentou Roberta, que há muito tempo não via, e Luísa agradeceu aos céus por poder ter a desculpa e se retirar para dar atenção a amiga. Foram para o quarto.

— O que foi, Luísa? O que aconteceu?

— Ah, nada, Renata... É que a Roberta fica perturbando, realmente ela é difícil.

Renata riu das briguinhas das irmãs. Sempre foram assim. Ficaram ali no quarto conversando amenidades até dona Antônia chamar para tomarem café.

Na mesa, todas conversavam sobre a viagem de Luísa e sobre os lugares que havia visitado.

— Sinceramente, prefiro ir para Londres ou algum outro lugar da Europa — alfinetou de novo Roberta.

— Eu já prefiro Nova Iorque em vez de Londres — respondeu Renata tentando defender a amiga da crítica da irmã.

— Pode ser também, gosto dos Estados Unidos. Mas Tibete? Um lugar gelado no fim do mundo? Que graça tem?

— Pois é um lugar de muita paz e crescimento espiritual — rebateu Luísa. — Cada um vai para o lugar onde se sente melhor, ora bolas...

Definitivamente, a convivência das duas sem discórdias era quase impossível. A conversa se estendeu um pouco mais e, minutos depois, Roberta levantou-se dizendo que precisava ir embora, pois Marcela tinha natação. Antônia despediu-se da filha e da neta, beijando as duas. Luísa também abraçou novamente a sobrinha e disse que havia ficado muito feliz em vê-la. Roberta despediu-se de Luísa da mesma forma que fizera com Renata, como se a irmã não fosse nada sua.

— Quando eu estiver na minha casa nova, vou convidar vocês para uma café — gritou do portão Luísa, fazendo um aceno para a sobrinha.

Quando fechou a porta, Luísa olhou aliviada para a mãe:

— A senhora viu, né, mãe? Tem jeito isso?

Antônia apenas sorriu e não disse mais nada.

Luísa puxou Renata pela mão e foram correndo para o quarto outra vez. A sós com a amiga, Renata perguntou se ela já tinha respondido ao e-mail de André. Luísa disse que não.

— E o que você está esperando, menina? Sente já nessa mesa e mande uma mensagem para ele, agora! — ordenou Renata, brincando.

Luísa riu do jeito da amiga e seu coração acelerou.

— Mas o que eu vou dizer, Renata?

— Ora, diga qualquer coisa, que ficou feliz em ver que ele não havia se esquecido dela, que ficou feliz em ver a mensagem ou algo assim. Mas demonstre alguma emoção.

— Bem, vou tentar, não sou muito boa nisso.

— Vamos, eu ajudo você.

Sentaram lado a lado. Luísa, então, escreveu a mensagem do jeito que Renata sugeria, disse a ele que aguardava ansiosa por poder ver as fotos publicadas na revista e que estava esperando o seu exemplar ser entregue ao vivo, como André prometera.

— Pronto, agora era só aguardar a resposta — finalizou Renata, torcendo para que tudo desse certo.

— Agora preciso ir, Luísa. E me conte se ele mandar a resposta.

— Claro, amiga, você será a primeira a saber. Obrigado por tudo.

Despediram-se e Renata se foi.

*

Mais para o início da noite, Antônia convidou Luísa para um evento beneficente no centro espírita. Tratava-se de um jantar para ajudar a arrecadar fundos visando a reforma da casa. Antônia gostava de colaborar com sua presença nessas ocasiões.

— Por que não? Vou sim, mãe, gostei muito de lá — topou Luísa. Antônia ficou feliz por ter a companhia da filha no evento.

Já na casa espírita, Antônia apresentava Luísa a algumas pessoas conhecidas e sentaram-se em uma mesa com mais alguns convidados. Luísa se sentia mais relaxada agora e aproveitou o momento para distrair-se.

À esquerda do salão, havia uma pequena livraria com diversos títulos sendo vendidos. Luísa pediu à mãe que, assim que terminassem o jantar, fossem escolher algum livro que ela pudesse ler.

Assim fizeram. O colaborador da casa recomendou um romance que contava as várias encarnações de uma família e Luísa interessou-se por ele. Observou também que seria sempre bom, mais tarde, ela ler as obras básicas de Allan Kardec para que pudesse conhecer bem o Espiritismo.

Agradeceu as orientações e as sugestões de leitura. Pagou os livros e as duas foram embora.

— Adorei o jantar, mãe. Me sinto muito bem cada vez que piso no centro.

— Eu também, filha. Sempre fico melhor quando volto das reuniões de lá. Gostou do seu livro?

— Ah, sim, parece muito interessante. Vou começar a ler hoje mesmo.

Já em casa, Luísa beijou a mãe, deu boa-noite e foi para o seu quarto. Colocou o pijama, ajeitou-se em sua cama e pegou o livro. Percebeu que ele tinha uma linguagem fácil e isso estimulou ainda mais a sua leitura. Nas primeiras páginas, já estava achando tudo muito interessante. "Será mesmo que existem outras encarnações? Será que eu já conheci o Otávio em outra vida? E André?", refletia Luísa a cada página que lia. "É provável que Roberta seja um desentendimento do passado e que talvez tenhamos que nos reconciliar nesta vida como irmãs", continuava ela em seus pensamentos. "Mas com Renata deve ser o contrário. Sempre nos demos muito bem e talvez nesta vida estejamos juntas para uma ajudar a outra através da amizade", pensava. Prosseguiu mais algumas páginas e adormeceu.

Assim que dormiu, minutos depois Luísa sonhou com a cena de Otávio e Raquel aos beijos. Discutia com eles e saía correndo, como acontecera na vida real naquele dia. Uma pessoa surgia, parava um carro e saía do veículo dizendo que iria ajudá-la. Era André!

Luísa acordou de repente, num sobressalto. "Nossa, que sonho!", assustou-se. "Sonho não, isso foi um pesadelo". E voltou a dormir depois de fechar o livro, que permanecera aberto em seu peito. Ainda fez uma rápida oração pedindo a Deus que não tivesse mais pesadelos como aquele.

Seu pai, o espírito Luís, observava a filha e agora velava por ela. Pediu a Eustázio, seu orientador, que vibrasse por ela a fim de que pudesse descansar em paz.

— Luís, muitas vezes os sonhos que temos à noite são frutos de nosso dia atribulado, em criação mental confusa misturada com nossas recordações de vidas passadas. Daí a necessidade de mantermos a mente tranquila, os bons pensamentos e a vigilância alicerçada na oração.

— Reconheço que é muito difícil manter a mente quieta, Eustázio.

— Não é trabalho fácil, meu caro. Exige disciplina, treinamento, fé e boa vontade. A vida é um grande aprendizado. Não é assim?

— Sim, tem razão. E somos ainda mais vulneráveis quando encarnados.

— Luís, somos nós que determinamos nossas companhias espirituais e a faixa em que queremos vibrar. Se nós nos esforçarmos para praticar o bem, com tranquilidade e a mente limpa, sempre teremos um sono mais reparador depois de um dia repleto de obrigações.

Luís entendeu mais uma lição e pediu ao Pai Celestial que Luísa pudesse ter, no repouso de seu corpo físico, a reposição de forças vitais para vencer as aflições e os problemas pelos quais estava passando. Em sintonia com Eustázio, orou em silêncio e raios luminosos desceram pelo teto do quarto, revigorando a filha, que agora dormia em sono profundo e abençoado.

A VIDA VAI DANDO VOLTAS

Ao acordar, Luísa contou o sonho que tivera para a mãe, nas não falou sobre André. Antônia achou natural e atribuiu o pesadelo aos problemas que vinha enfrentando.

— Não se preocupe, minha filha. Se continuar indo ao centro direitinho e tomando seus passes, estará protegida contra qualquer perturbação. Acho que foi sua cabeça mesmo que criou essas imagens.

— Também acho, mãe. Preciso rezar mais antes de dormir — sorriu.

Enquanto Luísa lavava a louça para a mãe, seu celular tocou. Era Cláudio, dizendo que os papéis relativos à divisão da empresa estavam prontos e, se quisesse, poderia passar no escritório para assinar.

— Se estiver disposta, Luísa, na outra semana já poderá voltar ao trabalho — comentou Cláudio. — Juridicamente, já está tudo certo.

— Prefiro ficar o resto deste mês em casa, Cláudio. E só volto depois que realmente estiver tudo certinho, com as assinaturas de Otávio.

— Então, combinado. Eu aviso quando ele assinar. Aí você vem aqui e finalizamos tudo.

Desligaram e Luísa achou intimamente que já estava na hora de voltar ao trabalho. Se daria só mais alguns dias.

Enquanto Antônia fazia o serviço de casa, Luísa foi checar seus e-mails para ver se havia alguma resposta de André. Para sua decepção, não havia nenhuma. "Será que ele não viu a mensagem?", preocupou-se. "Ou não quer falar comigo?" Seguiu vendo sua caixa postal e respondeu várias mensagens de clientes com dúvidas a respeito da continuidade da empresa. Provavelmente, já sabiam da separação e queriam saber se algo mudaria na diretriz dos negócios. Ela explicou detalhadamente como ficariam as coisas, tranquilizou a todos dizendo que nenhuma alteração influenciaria as contas vinculadas com cada escritório. Fechou o computador e foi tomar um banho, não queria se aborrecer com esse assunto.

Quando estava arrumada para ir ao banco ver como andava sua conta, pegou o celular para colocá-lo na bolsa e viu que havia uma ligação. Provavelmente, a chamaram quando estava no banho e não ouviu nada. Era o mesmo número que aparecera outro dia. Quem seria? Não conhecia aquele número e não gostava de retornar ligações estranhas com medo de golpes. Ficou em dúvida, se ligava ou se esperava ligarem de novo. Resolveu ligar para acabar logo com aquele mistério.

Para sua surpresa, logo percebeu de quem se tratava. Era André do outro lado da linha. Ficou nervosa e feliz ao mesmo tempo.

— Luísa? É você? Que coisa boa! Puxa, já liguei duas vezes para você, mas ninguém atendeu. Pensei que tivesse anotado errado o seu número.

— Que bom falar com você, André! Você anotou certo, eu é que não consegui atender quando ligou.

— Humm, será que não quer falar comigo? Viu o meu número e não quis atender? — falou André com um jeito brincalhão.

— Claro que não, André. Eu anotei seu telefone num papel sem o seu nome e não lembrava onde havia colocado. Se não já teria ligado antes...

— É? Não sei, não...

— Seu bobo... — brincou Luísa.

— Bem, agora falando sério, na próxima sexta-feira vou estar em São Paulo para uma reunião e gostaria de vê-la. Afinal, estou lhe devendo um exemplar da revista.

— Ah, eu já ia cobrar. Cadê a minha revista? Claro, André, vamos nos ver, sim. Me passe o nome do hotel que eu vou buscá-lo.

André deu o nome do hotel e disse que trabalharia até às quatro da tarde. Pediu para Luísa buscá-lo às seis, depois decidiriam o que fazer. Desta vez, Luísa anotou tudo corretamente.

— Fica combinado assim, Luísa. Tudo bem para você?

— Tudo certo! Na sexta-feira, estarei lá.

— Beijo, Luísa.

— Outro para você, André.

Luísa desligou o telefone com o coração aos saltos. Achou melhor, desta vez, contar par a mãe sobre André.

Antônia se surpreendeu com a novidade, mas ficou feliz por Luísa. Apenas aconselhou-a a ir devagar com sua ansiedade para não se machucar.

— Ainda é tudo muito recente, filha. Mal se divorciou.

Luísa sabia que a mãe tinha razão no que falava. Ainda estava sob o efeito do que acontecera com Otávio e seria fácil se envolver com outra pessoa só para vencer uma decepção. Lembrou que Antônia sempre tivera suas ressalvas para com Otávio. Algo dizia para a mãe que ele não era confiável. "E coração de mãe não se engana", pensou. Mas agora, dona Antônia acreditava que Luísa estivesse mais alerta e mais esperta sobre se envolver com alguém.

Saindo de seus pensamentos sobre os conselhos da mãe, Luísa, eufórica, ligou imediatamente para Renata a fim de contar a novidade. Renata vibrou com a notícia e combinaram de se ver mais tarde.

*

Em sua casa, André olhava sobre a mesa algumas fotos tiradas no Tibete. Pensou no telefonema que acabara de receber de Luísa e lembrou dos lugares que visitaram juntos. Gostou muito da companhia dela. Achou-a uma mulher doce e, ao mesmo tempo, decidida.

A perspectiva de iniciar um novo relacionamento com alguém fez André relembrar do seu passado e uma tristeza se apossou de seu coração. Foi casado durante algum tempo, mas sua esposa acabou se envolvendo com outro homem e foi inevitável a separação. Afastar-se de seu filho foi uma das piores coisas de sua vida. Não poder dividir o dia a dia com ele fez André sofrer muito. "Por que será que Carla havia feito aquilo?", sempre se perguntava. A esposa argumentou, em sua defesa, que as constantes viagens do marido a trabalho fizeram com que ela se sentisse muito sozinha. Por várias vezes, André se perguntava onde havia errado. Concordava que havia ficado muito ausente, mas não achava, em seu íntimo, que aquilo fosse motivo suficiente para que Carla se envolvesse com outra pessoa. Afinal, eram casados, parceiros. "Ou não?", duvidava hoje André.

Quando Carla pediu a separação, André ainda tentou resgatar seu casamento, mas, para Carla, nada mais era possível fazer. Estava decidida! Só restou a André aceitar a separação, com muito sofrimento. Como sofreu! O distanciamento do filho lhe doía na alma. Decidiram que Lucas moraria com a mãe e André ficaria com ele a cada quinze dias. O filho também sofreu, no início, com a falta do pai, mas logo se acostumou com essa nova rotina. Afinal, André viajava muito e Lucas sempre esteve mais em contato com a mãe.

Após esse breve retorno ao passado, André voltou a pensar em Luísa. Gostava do seu jeito espontâneo e um sorriso emoldurou seu rosto. Agora, poderia vê-la de novo na próxima sexta-feira. Sentiu uma ansiedade gostosa. Teria que voltar no sábado de manhã, mas tentaria matar as saudades ao máximo enquanto estivessem juntos.

*

Na mesma manhã, Otávio chegou cedo na empresa e recebeu um telefonema de Cláudio para dar sequência final à papelada da divisão dos escritórios e do divórcio. Ficou triste, chateado, não queria estar passando por aquilo naquele momento. Um fio de arrependimento passou em seu coração, mas estava colhendo o que havia plantado. Era impossível voltar atrás.

Raquel, por sua vez, a caminho do trabalho, só pensava em reatar com Otávio, apesar de ele ter deixado claro que não queria mais nada com ela. Mas ela não aceitava essa decisão e estava disposta a usar de todos os meios para fazer com que Otávio voltasse atrás. Maquinava todos os dias no que poderia fazer. O pensamento de Raquel, agora, tornara-se uma obsessão: queria voltar com Otávio. Sabia que não o amava, mas queria mudar de vida para nunca mais viver na miséria em que viveu na infância. Sua situação financeira ainda era difícil. Seu pai, agora doente, quase não trabalhava e Raquel precisava ajudar no orçamento da casa. Praticamente sustentava a todos. Quase não tinha dinheiro para si mesma. Seus irmãos menores, um de onze e outro de sete anos, não podiam ajudar. Sua irmã mais velha era casada e mãe de duas crianças, tinha seus próprios compromissos. Sua mãe fazia faxina em casas de família e o dinheiro mal dava para as compras diárias. Assim, tudo recaía nos ombros de Raquel. Por isso, não se conformava com o fim do seu caso com o patrão. Tinha de pensar em algo. Não era possível que Otávio houvesse se desinteressado dela assim, de uma hora para outra. Tentaria sair com ele mais uma ou duas vezes e engravidar. Seria a única solução para poder casar-se com ele. "Sim, farei isso!", arquitetou ela de modo sombrio.

Quando chegou ao escritório naquele dia, Raquel tentou conversar com Otávio e ele se mostrou impaciente.

— Bom dia, Otávio. Tudo bem? — cumprimentou Raquel de forma dissimulada.

— O que você quer? — respondeu Otávio, grosseiro.

— Nossa, Otávio. Só vim lhe desejar um bom-dia.

— Tem algum assunto para tratar?

— Sim, tenho — insistiu Raquel. — Quero convidá-lo para jantar hoje à noite. Podemos?

— Não, no momento não podemos. Por ora, vamos trabalhar, sim?

Raquel sentiu que ele estava muito arredio e achou melhor não insistir para não irritá-lo mais. Foi para sua sala e fez um recuo estratégico em seus planos.

Os funcionários do escritório comentavam entre si sobre a mudança de Otávio. Sempre extrovertido, era um patrão simpático, mas, nos últimos tempos, mal os cumprimentava. A separação por certo havia mexido com ele, comentavam.

Em sua mesa, Raquel não acreditava que Otávio ainda pudesse gostar de sua esposa. Quando saíram, por diversas vezes, ele comentou que o casamento estava passando por momentos difíceis. Seria mentira? Teria ele apenas se divertido com ela? Não importava, ela precisava reconquistá-lo.

O dia passou rápido. Quase ao final do expediente, Raquel tentou nova investida na sala do patrão:

— E então, Otávio? Está mais calmo? Ou todo esse mau humor é fome? — cutucou Raquel.

Otávio lembrou que só havia comido um lanche no escritório.

— Deve ser fome mesmo...

— Pois então vamos jantar! Eu também não almocei nada — convidou a mulher, matreiramente.

Otávio, desta vez, não resistiu ao convite e aceitou. Todos já haviam ido embora e seria melhor mesmo que nenhum funcionário visse os dois saindo juntos.

Raquel ficou feliz. A primeira parte do plano estava dando certo. Depois do jantar, tentaria seduzi-lo para passar a noite com ele e, quem sabe, conseguir engravidar, já que estava no período fértil.

Foram até um restaurante conhecido. Otávio já havia levado Raquel lá outras vezes. Durante o jantar, ele desabafou sobre sua separação e como estava se sentindo. Parecia até um pouco deprimido e carente. Raquel dava-lhe corda, ouvia com atenção e fazia cara de penalizada com a situação dele. Conseguiu fazer com que Otávio se aproximasse dela:

— Puxa, meu bem, você não merecia estar passando por isso. É muito sofrimento para um homem só, você já tem tantas coisas para resolver no trabalho e ainda mais isso...

— Às vezes, Raquel, penso que não vou aguentar. O desgaste é muito grande.

— Eu sei, Otávio. Luísa não deveria ser tão cruel com você. Tudo bem, aconteceu, mas ela não precisava sair desse casamento com vingança.

— Ela sempre foi muito decidida e dificilmente voltava atrás em uma opinião.

— Mas ela não sabe o que perdeu! Você é mais forte! Você vai superar, é honesto, trabalhador, inteligente. Todo homem pode passar por isso na vida e o importante é superar! — elogiava Raquel com palavras certeiras

— Eu sei que vou conseguir... — respondeu Otávio, sentindo-se mais acolhido.

— Vai mesmo! O que precisa agora é dar um tempo para você, fazer coisas que lhe deem prazer, desanuviar e esquecer a figura de Luísa. Precisa relaxar mais...

Com olhar lascivo, diminuindo o tom de voz, Raquel foi envolvendo Otávio em carinhos e palavras de estímulo até que sugeriu passarem a noite juntos. Otávio vacilou um pouco, mas, diante de sua situação atual, cedeu. Ainda beberam mais um pouco e se retiraram do restaurante. Raquel daria continuidade ao seu plano...

*

Na manhã seguinte, Otávio acordou com a cabeça pesada. Demorou um pouco para identificar onde estava. Olhou para o lado e viu Raquel dormindo. Não acreditou que tivesse feito aquilo novamente. Levantou-se, tomou um banho e foi se arrumar. Raquel acordou com o barulho, ele já estava pronto, pediu para que ela se levantasse e fosse rápida para se arrumar também.

Passada meia hora, saíram do motel em silêncio. Otávio deixou Raquel na casa dela e foi para o seu apartamento trocar de roupa. Não poderia aparecer no escritório com a mesma roupa do dia anterior.

Raquel, em sua casa, também se preparava para ir trabalhar. Viu que Otávio acordou de mau humor, mas não ligou. Já havia conseguido o que queria, agora era aguardar. Afinal, desde o dia em que Otávio havia terminado com ela, Raquel não havia tomado mais o anticoncepcional. Quem sabe agora o seu plano tivesse dado certo e ela estivesse grávida dele... Se fosse verdade, se casaria com ele e passaria a ser dona de tudo aquilo também. Não viveria mais em dificuldades, ajudaria seus pais e ainda lhe sobraria muito dinheiro.

Raquel pensava nisso tudo e sorria para si mesma, discretamente, com o canto da boca.

REENCONTRO

Enfim, chegara sexta-feira, o dia em que André estaria em São Paulo. Luísa acordou bem, estava um pouco ansiosa e com muitas expectativas. Resolveu fazer uma caminhada para que a ansiedade não tomasse conta dela. Estava confiante, em si e em Deus. No dia anterior, havia acompanhado a mãe até o centro, tomado seu passe e orado, pedindo aos amigos espirituais que não a deixasse se enganar outra vez.

Chegou na pracinha que tanto gostava. Adorava ver as crianças brincando. Imaginava como deveria ser bom ter um filho. Cultivava ainda esse desejo. Quem sabe?

O tempo passou rápido e era quase meio-dia quando Luísa voltou para casa. O almoço já estava pronto e Antônia esperava por ela. Foi somente o tempo de Luísa se lavar e começaram a comer. Luísa não estava com muita fome. Antônia riu da filha:

— Deve ser essa sua ansiedade adolescente como quem vai encontrar o namorado pela primeira vez...

— Mãe! — sorriu Luísa ficando um pouco envergonhada.

— Filha, é bom você conhecer outra pessoa, um homem diferente. Talvez isso ajude você a esquecer seu casamento com Otávio.

— Mas eu não quero namorar alguém só para esquecer do outro. Eu preciso gostar da pessoa — corrigiu Luísa.

— Eu sei, filha, eu confio em você. Mas se dê essa abertura para conhecer alguém.

— Vamos ver, vamos deixar na mão de Deus, certo?

Terminaram o almoço e Luísa disse para a mãe que iria ao salão se arrumar um pouco, assim o tempo passaria rápido também como foi pela manhã. Queria ficar bonita para o encontro.

"Como estaria André?", se perguntava intimamente. Luísa jamais havia imaginado que em sua viagem encontraria outra pessoa. Mas a vida nos prega peça mesmo, como dizia sua mãe.

André também estava ansioso com o encontro. Trouxe o exemplar da revista e queria observar a reação de Luísa ao ver as fotos dos locais nos quais estiveram juntos. Tinham reminiscências em comum, isso os unia.

Às dezoito horas, Luísa chegou ao hotel. André esperava na porta e viu o carro dela estacionar. Ela desceu do carro e ele veio em direção a ela. Um forte abraço pôs fim a essa longa ausência sentida um pelo outro.

— Luísa, como você está linda! — disse André, eufórico.

— André, como vai? Você também está ótimo! — elogiaram-se mutuamente. — Fez bom voo?

— Sim, tudo tranquilo. A distância entre Rio e São Paulo é pequena — sorriu para Luísa. Ela corou. Achou que aquilo fosse uma dica para se encontrarem no Rio da próxima vez. Ficou temerosa de que André pudesse ouvir as batidas de seu coração.

— Como foram sua reuniões? — Luísa quis desviar o assunto.

— Tudo bem, estamos bolando umas edições especiais para a revista. Quer continuar como minha assistente? — brincou André.

— Só se for para viajar muito — riu Luísa. No momento, estou é com fome, não almocei nada hoje.

— Eu também estou faminto!

— Então vou levá-lo a um restaurante que costumo ir com os amigos. Espero que goste. É uma cantina e as massas de lá são deliciosas.

— Adoro massas e, com um bom vinho, ficará perfeito!

Tudo combinado, entraram no carro e saíram. Chegaram em menos de meia-hora. O ambiente era muito aconchegante e acolhedor. Assim que sentaram, André deu a Luísa o exemplar da revista que tinha em suas mãos:

— Aqui está, Luísa. Promessa cumprida! Você, mais do que ninguém, é merecedora deste exemplar. Trabalhou bastante...

— Obrigada, André! Estava mesmo curiosa para ver. Se demorasse um pouco mais, ia parar numa banca e comprar.

Ficaram mais próximos para recordar os lugares em que estiveram no Tibete e Luísa ficou encantada com o resultado final da fotografias impressas. Ela participara do processo e agora tinha uma noção clara de como era desenvolvido o trabalho de um fotógrafo. Ficou feliz.

Pediram os pratos. Enquanto aguardavam, André serviu o vinho para Luísa. Num ímpeto, André segurou a mão de Luísa e disse o quanto estava ansioso por revê-la.

— Sabe, Luísa, estou muito feliz de estar aqui com você. Confesso que fiquei contando os dias desta semana para a sexta-feira chegar mais rápido.

— Pois, então, eu confesso também: estava ansiosa por hoje. Achei que dificilmente nos veríamos de novo, estava com saudades.

— Eu também. Nossos dias no Tibete foram maravilhosos.

— Se eu pudesse — disse Luísa — acho que voltaria para o Tibete. Quem sabe levaria até a minha mãe junto.

— Realmente é um lugar fascinante. Ainda mais com uma companhia como você.

Luísa, por várias vezes, sentiu corar durante a conversa. Não sabia dizer o que estava acontecendo com ela. Seria carência sentida pela falta de Otávio ou estaria mesmo se interessando por André? Estaria se apaixonando?

Os pratos foram servidos e Luísa viu que o apetite de André continuava o mesmo. Ela agora estava mais relaxada e comia mais devagar, saboreando cada garfada de sua massa. Na verdade, percebera que o vinho começava a fazer efeito.

Os dois não sentiram o tempo passar. Por volta das onze da noite, Luísa olhou para o relógio e achou melhor irem embora. André também havia se distraído com o horário e lembrou que, logo pela manhã, teria de voltar para o Rio. Voltaram para o hotel de André e despediram-se:

— Luísa, fiquei muito feliz de estar com você hoje. Pena que o tempo passou tão rápido.

— É mesmo, as horas poderiam passar mais devagar, não acha?

Instintivamente, ainda dentro do carro, André, carinhosa e lentamente, tomou o rosto de Luísa e a beijou. Ela não resistiu e correspondeu aos abraços de André.

— Luísa, você não gostaria de subir um pouco? Você é uma pessoa muito especial.

Ela concordou. Subiram. Em minutos, abraçados um ao outro, ambos esqueciam por alguns momentos tudo o que haviam passado nos últimos tempos. A felicidade estava ali, naquele instante, e não pensariam em mais nada...

*

Eram oito horas da manhã quando o alarme do celular de André tocou. Ele acordou lentamente e pode ver que Luísa ainda dormia ao seu lado. Deu-lhe um beijo de bom-dia:

— Olá, querida... Dormiu bem?

— Noooossa! — respondeu Luísa espreguiçando--se. — Acho que só dormi assim no Tibete...

— Que bom! Fico feliz! Mas, infelizmente, preciso me arrumar se não perco o voo.

Luísa se apressou em se arrumar também e disse que o levaria até o aeroporto. Tomaram café no quarto para aproveitarem mais da companhia um do outro. Em minutos, pegaram as malas, André acertou sua conta na portaria e foram embora.

Já no aeroporto, Luísa beijou André novamente enquanto ele se ajeitava com a bagagem:

— Agora sou eu que lhe devo uma visita — brincou Luísa.

— Vou aguardar ansiosamente. Vamos nos encontrar de novo, por favor...

— Claro que vamos, não precisa implorar, quero estar junto de você novamente...

Despediram-se com um longo beijo e André voltou para o Rio.

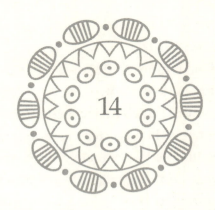

A VIDA TRAZ MUDANÇAS

Luísa chegou em casa alegre e só então lembrou que não havia avisado a mãe de que poderia passar a noite fora. Pediu desculpas por isso e Antônia, vendo o rosto reluzente da filha, nem ligou:

— Pelo seu ar de felicidade, já está desculpada. E pode me contar todas as novidades — riram juntas.

Mal começou a contar tudo para a mãe e o telefone tocou. Era Renata, também interessada e curiosíssima em saber o que tinha acontecido na noite anterior. Antônia reclamou um pouco por perder a vez, mas deixou a filha conversar sozinha com Renata, que dava gritos de euforia do outro lado da linha a cada detalhe que Luísa contava.

Nesse meio tempo, André desembarcava no Rio de Janeiro. Lembrava do encontro e sorria sozinho. Gostaria de ter ficado um pouco mais na companhia de Luísa, estava feliz por revê-la e por ter passado a noite em sua companhia. Saiu de seu devaneio ao descer do avião, já um pouco apressado. Agora, precisava buscar Lucas na casa da mãe para passar o fim de semana com ele. Era a sua vez de estar com o filho. Estava com saudades do garoto. Aproveitou que estava no aeroporto e foi comprar um presente para ele. O menino estava com dez anos e, nesta fase, ainda era fácil comprar algum mimo. Fez isso e foi direto para a casa de Lucas.

Luísa conversou um pouco mais com Renata e depois com a mãe. As duas ficaram extremamente contentes com as notícias. Luísa estava feliz e agora via uma perspectiva de sua vida mudar.

*

O fim de semana passou rápido e Luísa, impulsionada pela felicidade dos momentos vividos com André, resolveu retomar suas atividades no trabalho naquela segunda-feira. Antônia achou ótimo a filha retomar sua vida, mas percebeu que Luísa estava um pouco apreensiva, como se fosse seu primeiro dia em um emprego novo.

— O que é que está afligindo você, filha?

— Ah, mãe, não sei como os funcionários vão me receber. O escritório da filial, que ficou comigo, é menor, tem menos pessoas. Mas sempre dá um frio na barriga depois de tudo o que aconteceu...

— Luísa, não vai acontecer nada. Você é a dona da empresa, é competente e honesta. E depois, ninguém tem nada a ver com sua vida.

— Tem razão, mãe... É coisa da minha cabeça! Vamos lá, é vida que segue...

— Assim é que se fala, filha — e Antônia beijou a filha, despedindo-se e pedindo que Deus a abençoasse.

— Talvez não venha almoçar, mãe. Vou ter muita coisa a fazer. Até de noite. Qualquer coisa, me ligue...

Chegando lá, Luísa foi cumprimentada por todos os funcionários. Sentiu uma solidariedade implícita no gesto. Estavam todos sorridentes e alegres com sua volta. Eram competentes e acreditava não haver necessidade de aumentar o quadro.

Um funcionário, seu braço-direito, passou a Luísa tudo o que havia acontecido no período de sua ausência. Estava tudo em ordem com as contas dos clientes, os probleminhas de rotina haviam sido solucionados. Soube também que foi Cláudio quem havia pedido aos funcionários que mantivessem tudo sob controle até que ela voltasse e assumisse definitivamente a filial. Foi uma gentileza de Cláudio agir assim, mas, o que, na verdade, ninguém sabia, era que Cláudio apenas seguiu as ordens de Otávio, para que, quando Luísa voltasse, encontra-se tudo organizado. O advogado estranhou um pouco essa determinação do ex-marido, percebeu que a separação, aparentemente, havia causado uma mudança no seu caráter. Será que ainda amava Luísa? Cláudio não sabia o que havia acontecido entre o casal, só tinha a certeza de que Otávio era outro homem.

*

Passados alguns dias depois de seu último encontro com Otávio, Raquel foi fazer o exame para ver se havia conseguido engravidar. O resultado sairia em poucas horas. Ligou para o escritório, inventou que estava indisposta e não iria trabalhar. Otávio se sentiu aliviado ao saber que Raquel faltaria. Não aguentava mais ter de conviver com ela no escritório. Estava farto das lamúrias da amante.

Raquel permanecia no laboratório cheia de esperanças, teria de ficar fazendo hora até o exame ficar pronto. "Daqui a poucas horas, tenho certeza de que a minha vida mudar. E a de Otávio também. Ele vai ter que assumir o filho e casar-se comigo", arquitetava ela enquanto esperava. Raquel acreditava que realmente estava grávida. Havia uma semana que seu ciclo estava atrasado. Depois de meia hora, chamada à recepção, Raquel recebeu o envelope. Sentou-se em uma cadeira, respirou fundo e o abriu. Seu palpite estava certo: "Estou grávida!", vibrou, quase não contendo a satisfação íntima.

De posse do resultado, pensava na melhor forma de dar a notícia a Otávio sem causar escândalo. Achou melhor ligar para ele e marcar um encontro fora do escritório, avisando que tinha um assunto muito sério a tratar.

— Raquel, estou cheio de trabalho aqui no escritório. O que você quer?

— Otávio, preciso urgentemente falar com você. É muito importante.

Otávio tentou resistir, mas acabou concordando com o encontro, ficou preocupado com o tom de voz com que Raquel se dirigiu a ele. Conhecia Raquel e não queria mais confusões para sua vida.

Marcaram próximo ao shopping onde Raquel estava, em um café. Em quarenta minutos, Otávio chegou e deu um beijo forçado no rosto Raquel.

— Muito bem, o que de tão importante você tem para me falar que não podia ser no escritório?

Raquel, sem mencionar uma única palavra, entregou o envelope a Otávio, que, sem entender nada, abriu um tanto desconfiado. Ao ver do que se tratava, empalideceu! Raquel, ao ver sua reação, ficou imaginando o que não estaria passando na cabeça dele.

— O que significa isso? — perguntou Otávio, ofegante.

— Ora, você mesmo não está vendo?

— Sim, estou... E?

— Então não a nada mais para dizer. Estou esperando um filho seu, Otávio.

— O quê? Mas você não estava se prevenindo, tomando seus anticoncepcionais?

— Sim, estava, mas até o dia em que você terminou comigo. Quando saímos pela última vez, havia parado de tomar e aconteceu.

Otávio, nervoso e suando, passou a mão pelos cabelos e disse para Raquel:

— Pois bem! Está grávida! Agora, o que quer de mim?

— O que quero? — respondeu Raquel, irônica. — Quero que assuma o filho que é seu e que voltemos a ficar juntos.

— Você quer casar? É isso o que entendi? Casar? Isso está fora de questão — sentenciou Otávio, já alterando um pouco a voz.

Raquel sentiu seu rosto queimar.

— Como assim? — enfrentou ela. — Você não vai assumir seu filho? Vai me deixar sozinha? Você é tão culpado quanto eu!

— Culpado, eu? Você deixou de tomar o anticoncepcional por sua conta. Acho até que você fez isso de caso pensado! Se é que o filho é meu...

— Você quer dizer que eu engravidei de propósito, Otávio? O que pensa que eu sou?

Otávio, intimamente, sabia que o filho era seu. Embora Raquel fosse uma pessoa inescrupulosa e interesseira, sabia que ela não havia se relacionado com mais ninguém e que aquele filho só podia ser seu. Pedindo que ambos se acalmassem, Otávio parou, respirou fundo e afirmou, com tom de voz mais baixo:

— Olhe, Raquel, tudo bem. Assumirei meu filho com a responsabilidade que cabe a um pai e zelarei por aquilo que me cabe. Nada faltará a ele. Agora, quanto a permanecermos juntos, casar, isso não acontecerá!

Raquel estava indignada com a posição de Otávio. Agora, ficaria sozinha e com um filho para cuidar. Não acreditava que ele a deixaria naquela situação. Revoltada, disse que exigiria uma pensão compatível com aquela decisão absurda dele. Otávio ouviu calado e disse que mandaria Cláudio falar com ela. Levantou-se da mesa, deixou o dinheiro do café que ambos haviam tomado e retirou-se, deixando Raquel ali, solitariamente, com o envelope em suas mãos.

Sem olhar para trás, Otávio viu sua vida dar mais uma reviravolta. "O que está acontecendo, meu Deus? Será um castigo por ter feito Luísa sofrer?", perguntava-se, querendo chorar. Luísa queria tanto ter um filho e Otávio sempre foi adiando o sonho, alegando que seria melhor ambos se consolidarem profissionalmente para depois pensarem em gravidez. Não deu tempo, se separaram e, agora, por ironia do destino, seria pai, mas de um filho com Raquel. Quanta loucura! Entrou no carro e foi para o escritório. Precisava pensar em tudo com calma.

Raquel, sozinha, tomou um táxi e foi para casa, mas não iria desistir. Um dia ainda moraria no apartamento de Otávio e não naquela casa simples para a qual estava se dirigindo. Seus planos permaneciam em pé.

OTÁVIO EM APUROS

Otávio não conseguiu dormir a noite toda. Perguntava para si mesmo o que deveria fazer. Sabia que Raquel não o amava e queria apenas conseguir uma vida de conforto. Por isso não queria se casar com ela, nem ao menos viverem juntos. Mas agora estava confuso, havia uma criança no centro dessa relação. Ele não podia deixar de pensar que Raquel, agora, esperava um filho seu e, por mais que não a amasse, queria que seu filho tivesse tudo de melhor e estivesse perto dele. Agora, tudo havia mudado. Sua cabeça girava envolta em mil pensamentos.

Assim que amanheceu, Otávio ligou para Cláudio e pediu que ele viesse até seu apartamento com urgência.

O advogado imaginou ser algo com relação a Luísa e disse que, em pouco tempo, estaria lá.

Em poucos minutos, Cláudio chegava ao apartamento de Otávio:

— Bom dia, Cláudio. Desculpe ligar tão cedo.

— Não tem problema, Otávio. Tudo bem?

— Mais ou menos. Precisamos conversar. Aceita um café? Acabei de fazer.

— Por favor... Estou achando você meio tenso, Otávio. Algum problema? Alguma coisa com Luísa? Acho que ficou tudo certo, ela já recebeu a quantia relativa à metade do valor do imóvel. Agora o apartamento é todo seu...

Otávio baixou a cabeça, deu um gole em seu café e começou a falar:

— Cláudio, além de meu advogado, você também é um amigo...

— Claro, Otávio, o que houve? Estou ficando preocupado.

— Cláudio, a Raquel está esperando um filho meu.

Cláudio, por pouco, não deixou a xícara cair com o susto da notícia.

— Como é, Otávio? Raquel está grávida?

— Sim, ela me mostrou o exame ontem. Está confirmado.

— Puxa vida, que notícia, meu amigo. Justo agora que as coisas começavam a entrar nos eixos para você e Luísa...

— Pois é, Cláudio. Não estou acreditando nisso...

— Olha, eu não conheço a Raquel a fundo, só sei pelos comentários do escritório, mas agora acho que realmente ela seria capaz de fazer isso. É uma mulher ardilosa.

Otávio concordou com o que Cláudio falava.

— E, devo lhe dizer, eu te avisei, Otávio. Eu alertei sobre o jeito dela — dizia o advogado, penalizado pela situação do amigo.

— Sim, claro que me lembro, Cláudio. Sei que fui um tolo. Mas, e agora? O que vou fazer? Casar com ela? Já pensei em como seria viver com ela. Eu não a amo, mas também não queria viver sem meu filho.

Cláudio coçou a cabeça, concordando com a dúvida de Otávio.

— É realmente uma situação difícil — opinou Cláudio, sem dar nenhum conselho. — Só você poderá tomar essa decisão. Você está livre, o divórcio já foi assinado e o acordo homologado pelo juiz. Pode, agora, tocar sua vida normalmente.

— Eu sei disso — ponderou Otávio. — Já pensei também em pagar uma boa pensão a Raquel e exigir o direito de ver meu filho e poder criá-lo sem horários determinados por um juiz. Queria tê-lo junto a mim.

— É uma hipótese que vai depender muito de vocês dois. Concordo com o seu desejo de estar perto do seu filho, mas só você poderá tomar qualquer decisão, como já lhe disse. Aconselho, Otávio, a você pensar bem, raciocinar friamente, e me ligar quando estiver decidido.

Ajudarei no que for preciso, sabe que pode contar comigo. Somos amigos há muitos anos, nossa relação não é apenas entre advogado e cliente.

— Obrigado, Cláudio. Vou pensar numa solução para essa situação e falo com você.

Apertaram as mãos e Cláudio foi embora, tinha uma audiência no fórum logo cedo.

Sozinho no apartamento, Otávio começou a se arrumar para ir trabalhar. Será que Raquel iria hoje? Teria de conversar calmamente com ela. Pensou bem e concluiu que havia agido errado com ela, deixando-a sozinha no café. Resolveu ligar. Raquel atendeu surpresa o telefonema de Otávio, pois achou que ele não iria querer mais nada com ela e teriam de solucionar tudo na Justiça. Mas, para sua alegria, Otávio disse que queria almoçar com ela para conversarem com mais calma.

— Tudo bem, Otávio, vamos almoçar. Aliás, hoje não vou trabalhar, estou meio indisposta e vou descansar um pouco mais. Mas, na hora do almoço, estarei lá.

— Sim, melhor ficar em casa, então. Falamos mais tarde.

Após desligar, Raquel animou-se, pois sentiu um tom diferente na voz de Otávio. Achou que ele poderia ter mudado de ideia e suas expectativas voltaram a crescer em relação ao seu plano.

Ao meio-dia, conforme o combinado, Raquel entrou no restaurante que eles tanto conheciam e aguardou por Otávio, que logo chegou. Ele a cumprimentou com um beijo frio em seu rosto, sentou-se e foi direto ao assunto:

— Raquel, pensei bem em tudo o que aconteceu. Para mim, foi uma grande surpresa e não esperava enfrentar um problema como esse logo agora. Mas, pelo bem do nosso filho, e só dele, é melhor que nos unamos.

Raquel, surpreendida pelas palavras de Otávio, perguntou disfarçadamente, sem expor muito a sua alegria:

— Unir como? Você quer dizer casar?

— Não — respondeu Otávio, secamente. — Quero que vá morar comigo em meu apartamento e lá criaremos nosso filho.

Raquel não fazia questão de se casar com Otávio. Queria apenas desfrutar de tudo o que ele possuía. No fundo, estava interessada apenas em status e em uma vida mais folgada financeiramente. Dissimuladamente, argumentou:

— Sei bem que você não me ama, Otávio. Mas tenha a certeza de que eu o amo. Talvez você não acredite nos meus sentimentos, mas é a verdade. De qualquer forma, fico feliz que você tenha resolvido dar uma chance a nós dois e a nosso filho. Vai poder ficar perto dele e vê-lo crescer.

Otávio, incomodado com aquele falso discurso de Raquel, explicou o restante de sua decisão:

— A partir de hoje, você não precisa mais ir trabalhar, se quiser. Será melhor que se dedique aos cuidados

com a gravidez, repousando e tomando as medidas ne-
cessárias para que tudo corra bem.

— E quando posso mudar para seu apartamento?
— quis saber ela com ansiedade íntima.

— Quando quiser.

Raquel pegou na mão de Otávio, com um sorriso no
lábios, mas ele retirou-a das suas. Não queria contato, por
enquanto. Raquel não insistiu, sabia que não seria fácil
este primeiro convívio, mas tinha certeza de que ele mudaria assim que o filho nascesse. Não havia motivo para
pressa naquele instante.

Otávio comunicou a Raquel que havia contratado
uma empregada e que ela estaria o tempo todo no apartamento. Ajudaria no que fosse preciso com a mudança
e com a rotina da casa. Satisfeita, Raquel disse, com um
tom de humildade, que só levaria suas coisas pessoais e
avisaria seus pais sobre o que estava acontecendo.

— Aliás, seria bom, Otávio, que você fosse co-
nhecê-los.

— Calma, Raquel. Haverá tempo suficiente para
isso. No momento, temos que cuidar de outras coisas.

Ela não insistiu. Raquel almoçou em silêncio. Otávio, quase sem fome, apenas comeu uma salada. Depois
da refeição, foram embora e Otávio deixou Raquel na
casa dos pais dela. Ainda ligou para a empregada nova e
avisou que ela se mudaria para lá a qualquer momento.

Assim que chegou em casa, Raquel contou a seus
pais tudo o que estava acontecendo. Fátima, a mãe de

Raquel, olhou para o marido Geraldo, e ambos ficaram sem saber o que dizer. Foi uma surpresa, não sabiam se ficavam tristes ou contentes.

Fátima sabia do gênio da filha e da inconformidade com a vida que eles levavam. Raquel era ambiciosa, reconhecia a mãe. Já Geraldo, por sua vez, sempre mais ingênuo e de bom coração, acreditava a filha estivesse realmente apaixonada e ficou feliz em ver a felicidade dela, embora não concordasse com a velocidade dos fatos, como as coisas haviam acontecido. Mas, a mãe abençoou a filha e Geraldo fez o mesmo.

— Vou mudar hoje mesmo, mãe. A senhora fique tranquila que tudo vai dar certo, a nossa vida vai mudar para melhor — informava Raquel, feliz por estar atingindo seus objetivos.

— Deus a proteja, minha filha — dizia a mãe com o coração apertado. — Se Deus quer assim, que assim seja.

— A senhora ainda vai largar essas faxinas, pode anotar o que estou falando.

Raquel abraçou a mãe, abriu a mão dela e depositou uma quantia de dinheiro. Fátima arregalou os olhos.

— De onde veio tanto dinheiro, filha?

— O Otávio, pai do meu filho e futuro marido, me deu um dinheiro para eu providenciar a mudança. Mas é muito mais do que eu preciso. Fique com essa parte. Em breve, a senhora não vai mais fazer faxinas e só vai cuidar do pai, vou poder ajudar muito mais.

— Obrigado, minha filha. É dinheiro de quase duas semanas de faxina! Deus te abençoe — agradeceu Fátima com lágrimas nos olhos.

Raquel foi para o pequeno cômodo onde dormia e guardava suas coisas e começou a arrumar o que achava que deveria levar. Estava ansiosa para ir morar no apartamento de Otávio e sentiu que sua vida agora estava mudando, como planejara inúmeras vezes. Iniciava uma nova etapa.

Enquanto isso, Otávio chegava ao escritório. Era visível o seu abatimento. Reuniu os funcionários e revelou a todos o que estava acontecendo. Todos se entreolharam e viram que realmente ele tinha motivos para estar abatido. E ficaram ressabiados também, pois sabiam que, de agora em diante, teriam Raquel como chefe e esposa do patrão, e não seria nada fácil receber ordens dela.

Na sua sala, Otávio teria ainda que ligar para Cláudio e comunicar a decisão que havia tomado. Agora, tudo estava consumado! Achava que aquela era a melhor decisão que poderia ter tomado naquele momento. Já havia errado com Luísa e não queria errar novamente, embora fossem duas situações completamente diferentes. Queria apenas acertar...

LUÍSA FICA ABALADA

Logo no primeiro dia de seu retorno ao trabalho, Luísa não teve como não saber sobre o que estava acontecendo com a vida de Otávio. Apesar de os escritórios não terem mais vínculo formal, os funcionários mantiveram as amizades, se falavam com frequência e as notícias corriam. Luísa precisou se sentar assim que soube: Raquel estava grávida e Otávio ia ser pai. "Como ele pode fazer isso? Comigo, sempre tivemos que esperar uma época mais propícia para termos um filho; com ela, a hora foi agora", remoía, revoltada com o fato. "Só pode estar apaixonado mesmo", concluiu. Enfim, estavam separados e que cada um seguisse sua vida em frente.

Luísa tentou trabalhar durante todo o dia, mas não estava conseguindo se concentrar. Acabou voltando mais cedo para casa e pediu aos funcionários que ligassem em caso de necessidade. Quando chegou em casa, Antônia percebeu sua palidez:

— Já em casa, filha? Como foi o seu primeiro dia? Está tudo bem? — quis saber a mãe, aguçando seu sexto sentido e tentando captar o que teria acontecido.

— Nada, mãe. Só fiquei um pouco cansada depois de tanto tempo parada.

— Aos poucos você vai se acostumando. É como um atleta que fica muito tempo parado e depois volta a treinar — brincou Antônia. — Em breve, você pega o ritmo.

Luísa sentou no sofá e começou a chorar.

— Vamos lá, minha filha. Não tente enganar sua mãe. Eu sei que alguma coisa aconteceu. Pode se abrir comigo, filha.

Luísa sorriu entre lágrimas e encostou a cabeça no ombro da mãe.

— Sabe qual foi a primeira notícia que recebi no escritório, mãe? Que a Raquel está grávida e o Otávio vai ser pai. Estão até morando juntos. Não é revoltante? Não estou chorando de saudades, não. É de raiva! Como eu pude me enganar tanto? Como eu pude casar com ele e ser tão cega?

— Luísa, quando estamos apaixonados nós realmente não enxergamos a nossa volta...

— Agora eu dou razão à senhora por nunca ter simpatizado com ele.

— Ah, minha filha, deixe isso para lá. Não vá agora ficar se torturando por causa do Otávio. Deixe ele seguir a vida dele e você siga a sua. Você é bonita e inteligente, tem um longo caminho pela frente.

— Mas eu sempre tive o sonho de ser mãe. O Otávio é que sempre impedia isso. Agora, mal se conhecem e já fizeram um filho?

— Luísa, ouça o que vou lhe dizer: nós nunca sabemos, de verdade, quais são os desígnios de Deus. Se as coisas estão acontecendo assim, é por que devem ser assim. Esqueça isso, vá tomar um banho e relaxar.

Luísa foi para o seu quarto. Queria ficar só. Antônia achou melhor não dizer mais nada e deixar a filha consigo mesma. Assim que entrou, Luísa esticou-se na cama e chorou abraçada ao travesseiro. Chorou convulsivamente, muito mais do que quando havia se separado. Realmente, a notícia a abalara muito. "Será que um dia serei mãe, meu Deus? Será que um dia poderia levar meu filho em uma pracinha e brincar com ele?", pensava e chorava ainda mais.

Todos aqueles pensamentos rondavam-lhe a cabeça, em uma tortura íntima, até que dormiu vencida pelo cansaço psicológico e pelo choro. Assim que entrou em sono profundo, Luísa desprendeu-se do corpo físico e viu-se diante de uma grande casa, com portas grandes e largas. Era uma casa azul, com lindas flores em seus canteiros laterais. Uma senhora aproximou-se dela e a convidou para entrar.

— Olá, Luísa. Como tem passado?

— Onde estou? Como sabe meu nome? — respondeu Luísa, sem entender o que ocorria.

— Não se aflija, meu bem. Meu nome é Rosa e você está momentaneamente desprendida de seu corpo físico. Desfrute destes momentos e venha ver nossa casa.

— Eu morri? E o meu corpo? — assustou-se.

— Calma, querida — riu a assistente. — Você não morreu, apenas está dormindo, mas em estado de vigília espiritual, seu espírito está aqui, acordado. Venha, entre!

Rosa pegou Luísa pela mão e ambas adentraram à casa azul. Era grande, bonita, com um enorme salão central. Tratava-se de um Lar para crianças em fase de adaptação espiritual. Muitas delas brincavam, corriam alegres e cheias de energia. O lugar transmitia acolhimento, carinho e paz.

— As crianças estão aqui também para aprender — informou Rosa. — Algumas são recém-desencarnadas; outras, vão entrar em fase de preparo para uma nova oportunidade na Terra.

— Puxa, é tudo muito bonito. Queria trabalhar aqui — comentou Luísa, sorrindo e agora mais tranquila.

— Este é o desejo de muitas companheiras, aqui é um local muito reconfortante. Ah, venha ver, Luísa! — convidou Rosa. — Está vendo aquele menininho de olhos e cabelos negros, pele corada?

— Ah, sim, estou vendo.

— Aquele será seu filho!

— Meu filho? Mas como você sabe?

— Existem coisas que já estão escritas, querida. Fique em paz até lá, tudo a seu tempo.

Luísa acordou num sobressalto. "Nossa que sonho eu tive", pensou ainda um pouco atordoada. Lembrou-se do rosto do menino e imaginou, com felicidade, se aquilo foi real e que realmente aconteceria. "Gostaria de ter aquele lindo menino como filho", sorriu para si mesma.

Levantou-se e foi tomar um pouco de água. Havia perdido a noção do tempo, mas eram apenas quinze horas. Foi até o quarto da mãe contar o sonho. Antônia se arrumava para ir ao centro.

— Mãe, tive um sonho muito bonito...

Depois de conversarem, Antônia até achou que pudesse ser um sonho premonitório, ficou feliz também com o fato. Aproveitou e convidou a filha para ir assistir a palestra e tomar um passe.

— É só pegar minha bolsa, mãe. Vou sim. Estou precisando me equilibrar emocional e espiritualmente.

*

Otávio também havia ido embora um pouco mais cedo do escritório. Estava sem cabeça para trabalhar. Ligou para casa e a empregada avisou que dona Raquel já havia chegado com as malas. Raquel estava lá instalada e esperava um filho dele. Talvez fosse esse o seu castigo por ter se envolvido com outras mulheres e agora com Raquel.

Quando chegou em casa, Raquel o abraçou e o beijou. Otávio se manteve distante, esquivou-se um pouco dela, mas Raquel confiava que, com o tempo, ele iria mudar.

Otávio quis saber se Raquel havia trazido tudo e ela respondeu que trouxera o que achou ser o suficiente. Otávio entendeu o recado: certamente, Raquel iria querer comprar um enxoval novo para ela e para o bebê.

Clarinda, a empregada, já estava de saída quando Otávio chegou. Despediu-se e avisou:

— Seu Otávio, já deixei o jantar pronto no fogão. Está tudo em ordem.

— Obrigado, Clarinda, até amanhã.

— Sim, obrigada, Clarinda — emendou Raquel. — Não se preocupe que eu sirvo o jantar, pode ir tranquila.

Otávio viu que Raquel já se comportava como a nova dona da casa e que ela não teria dificuldades em se adaptar a sua nova realidade, afinal, ela planejara tudo, disso Otávio tinha certeza.

— Vou tomar um banho, veja do que precisa...

— Pode ir, Otávio, vou deixar tudo arrumado para quando você sair, a mesa vai estar posta.

Raquel tentava estabelecer uma nova rotina para ambos, com um ar de intimidade para o casal.

*

Luísa e Antônia resolveram comer uma pizza, assim que saíram do centro. Estava anoitecendo e já ficariam jantadas.

Quando voltaram para casa, Luísa ligou para Renata para contar a notícia que havia ficado sabendo no escritório:

— Você acha que pode uma coisa dessas, Renata? A Raquel grávida?

— Eu avisei, Luísa. Isso era uma coisa que poderia acontecer.

— É verdade, minha amiga, você avisou mesmo. Mas assim tão rápido? O que não deveria estar acontecendo antes entre eles, então?

— Luísa, isso nunca você vai descobrir, nem saber. Esqueça isso, é melhor para a sua saúde e para sua pele — descontraiu Renata.

— Ah, Renata, só você para me fazer rir depois dessa notícia. Mas é verdade: vou seguir o seu conselho. O show tem que continuar, não é assim?

— Isso mesmo! Afinal, não se esqueça do André...

— Aliás, vou mandar uma mensagem agora para ele. Não me escreveu mais, deve estar correndo ou viajando...

— Então vá já, agora! — ordenou Renata, brincando.

— Sim senhora! Seu pedido é uma ordem — riram e se despediram.

Luísa foi direto para o computador ver se havia algum e-mail novo. Nada! André não escrevera mais nada. Ela, então, tomou a iniciativa de mandar uma mensagem dizendo que estava com saudades. Não sabia que André ainda enfrentava problemas no seu dia a dia. Ele sentia falta de ter uma família. Sentia falta do filho Lucas. Via o garoto apenas a cada quinze dias, queria conviver mais com ele. Sentia falta de um abraço quando chegasse do trabalho. Sentia falta de tudo isso! Amanhã, ele embarcaria para outra viagem, agora de três dias. Não iria para o exterior, mas, de qualquer forma, teria de se ausentar da sua casa, um apartamento pequeno, mas bem situado e confortável. Isto sempre o fazia repensar em tudo que havia passado e na sua separação. Luísa desconhecia a intensidade desses conflitos íntimos de André.

No dia seguinte, Luísa acordou bem disposta e tomou café com Antônia.

— Dormiu bem, filha?

— Sim, como uma criança!

— O passe lhe fez bem, com certeza — disse Antônia.

— É verdade, mãe. Foi muito bom termos ido lá ontem. Estava precisando!

Luísa despediu-se da mãe e foi para o escritório. Era um novo dia e estava decidida a esquecer o passado. Resoluta, iria começar uma nova vida naquele momento.

*

Otávio já havia acordado, mas Raquel ainda continuava dormindo ao seu lado. Clarinda já havia chegado. Ele tomou banho, se arrumou, tomou um café preto rapidamente e saiu. Não queria ter de falar com Raquel logo cedo. Orientou a empregada para que fizesse tudo como haviam combinado e que cuidasse de Raquel, se ela precisasse de algo.

— Pode ir sossegado, seu Otávio. Vou cuidar dela direitinho.

Otávio pegou a pasta e saiu para o trabalho.

Mais tarde, quando Raquel se levantou, mal podia acreditar que estava em sua casa nova. Agora, tudo aquilo era seu também. Viu que Otávio já não estava mais lá.

— Meu marido já foi trabalhar, Clarinda? — perguntou Raquel do quarto, tentando definir cada vez mais os papéis de cada um na casa.

— Foi sim, dona Raquel, saiu faz uns cinco minutos.

— Tudo bem, era só para saber.

Entrando na sala, Raquel viu que a mesa estava posta para tomar café. Não precisaria prepará-lo, como fazia quase todos os dias, nem tomá-lo na cozinha, em uma mesa de fórmica velha e enferrujada. Agora, tinha até empregada. Sentou-se à mesa e Clarinda serviu sua nova patroa. Raquel sentia-se como uma rainha.

— Dona Raquel, o seu Otávio aviou que não vem almoçar. A senhora quer alguma coisa especial? — perguntou a empregada.

— Não, Clarinda, não se preocupe agora. Se eu quiser, eu aviso — respondeu a patroa, imponente, não ligando muito.

Na espiritualidade, espíritos amigos acompanhavam as vidas de Luísa e Otávio. Preces eram feitas para que ambos tomassem as melhores decisões e não caíssem novamente diante dos desafios desta nova encarnação. Agora, era a hora de encarar as consequências de seus atos em um passado remoto e de aprender com o que a vida tinha a ensinar. Luís e Eustázio permaneceriam vigilantes e a postos.

BREVE RETORNO AO PASSADO

Deus sempre nos oferece uma nova oportunidade de repararmos os erros do passado. A bênção da reencarnação é a maior prova de amor do Pai Celeste para com seus filhos.

Assim ocorria agora. Os dias que se seguiam vinham de encontro com a rotina que cada um escolhera para si. Luísa, de volta ao trabalho, renovava suas energias. Otávio e Raquel assumiam suas escolhas. André, sempre envolvido com a profissão que abraçara nesta atual existência.

Mas nem sempre foi assim. Em tempos passados, estas almas, agora encarnadas neste mesmo palco, já

estiveram unidas em outra vida. Hoje, novamente ligadas, tentavam, de uma forma ou outra, corrigir débitos
do passado e trilhar um novo caminho de forma correta:
o do perdão e o da reconciliação.

No Brasil, em meados do século XVIII, por volta de
1.750, Raquel era uma moça muito rica. Seus pais, donos
de vastas terras, desencarnaram muito cedo e haviam deixado uma fortuna considerável. De posse de toda aquela
riqueza, Raquel perdeu-se em prazeres efêmeros, ime-
diatos, e agiu erroneamente consigo mesma e com os que
estavam a sua volta. Com seus filhos, não foi uma mãe
presente e atenciosa, entregando-os aos cuidados das
amas e escravas para que os educassem. Com o marido,
Raquel o deixava à margem e desfrutava dos sentimentos carnais com outros consortes. Seu marido sabia de
sua conduta, mas, por depender financeiramente dela e
não querer ficar longe dos filhos, aceitava essa situação e
fingia nada ver ou saber. Ele era Otávio, hoje novamente
seu marido. Quis fazer o mesmo com ela agora, na presente encarnação, com uma ponta de vingança inconsciente. Mas, outra vez, ele zela pelo filho que ela espera,
situação que, de alguma forma, colocou um freio em seu
impulso de devolver o passado na mesma moeda. Raquel,
anteriormente a mãe relapsa, recebeu seus antigos filhos
como seus pais nesta vida, com o objetivo de não desam-
pará-los, dando-lhes assistência e vivendo numa condição
humilde, já que a riqueza havia feito mal ao seu aprendizado como espírito em evolução. O supérfluo, o dinheiro

e o descompromisso com os mais próximos acarretaram débitos que necessitavam ser reparados.

Já Luísa e sua mãe eram irmãs nessa época no Brasil Colônia, fato que justifica os laços de amor e de cumplicidade que perduram até hoje. Roberta, a irmã atual de Luísa, foi sua rival e apaixonada por Otávio. Luísa e Otávio eram primos e suas famílias queriam que se casassem, mas Otávio preferiu se casar com Raquel e levar uma vida de comodidade, afinal, ela havia herdado aquela enorme fortuna. Roberta sempre acusou Luísa de atrapalhar seu eventual romance com Otávio, que nunca se concretizou naquela existência. Na verdade, Luísa era mesmo apaixonada por André, um tranquilo comerciante de então, com quem se casou. A felicidade durou pouco, pois Luísa acabou desencarnando ao dar à luz o seu único filho, hoje o garoto Lucas, filho atual de André e sua esposa Carla. Carregando esse trauma inconsciente, Luísa adiou o projeto de ser mãe enquanto esteve casada com Otávio na presente encarnação. André, após a morte de Luísa, ficou algum tempo sozinho com o filho para criar e muito trabalho em seu comércio. Achou melhor casar-se de novo e escolheu Carla, que também veio como sua esposa na encarnação atual. André não a amava como gostava de Luísa e entregou-se à luxúria, procurando em outras mulheres o amor que, um dia, sentiu pela primeira esposa. Tratou mal sua segunda esposa e, agora, sentia o peso de ser tratado por Carla com fizera com ela no passado: foi traído e havia vários entraves na hora de ficar com o filho, pois Carla sempre colocava muitas dificuldades. A reconciliação entre ambos foi infrutífera nesta vida.

Renata, hoje a melhor amiga de Luísa, sentia a necessidade de fazer hoje o que não havia feito por ela no século XVIII. Renata era a parteira das redondezas naquela época e prejudicara Luísa por não dar o pronto atendimento ao bebê que ia nascer. Ela havia demorado muito para atender Luísa, que estava prestes a dar à luz, fato que acarretou o desencarne precoce da moça, para desespero de André.

Luís, que fora o pai das irmãs Luísa e Roberta nesta encarnação, foi professor naquela metade de século XVIII, no Brasil Colônia. Português de nascimento, Luís costumava ir às fazendas para alfabetizar, na medida do possível, os filhos das sinhás. Quando foi dar suas aulas para Luísa, já uma mocinha, conheceu ali a irmã dela, Antônia. Movido por intensa paixão, casou-se com ela, formando uma bela família. Nesta última encarnação, voltara também com Antônia na condição de esposo. Agora na espiritualidade, Luís, juntamente com seu orientador Eustázio, vela pelo bem-estar de todos, com o compromisso de nunca desampará-las. São almas queridas e afins.

Por isso, a reencarnação é uma bênção e o Pai misericordioso permite a todos refazerem suas vidas, substituindo o rancor pelo perdão, o ódio pelo amor e o desamparo pelo aconchego de um lar. Nenhum mal ficará sem reparo, nenhum coração ficará em desespero. Estes destinos, novamente entrelaçados, seguem adiante em suas jornadas.

*

Ao chegar do escritório, Luísa conversou com a mãe sobre comprar um apartamento que viu anunciado no site de uma imobiliária. Ficava no mesmo bairro, em uma rua pertinho onde Antônia morava.

— Então, mãe... O que acha?

— Bem, filha, você sabe que eu gostaria que ficasse morando aqui comigo. Mas sei que quer o seu canto, a sua liberdade.

— E não quero ficar atrapalhando o resto da vida, né, mãe! Tenho que cuidar de mim, me virar sozinha.

— Eu entendo, filha. Fico feliz por estar vendo um apartamento perto daqui. Vamos nos ver sempre!

— Claro, mãe! Por isso escolhi esse, pelo menos por enquanto, se não estiver muito judiado. A senhora vai comigo amanhã ver? Posso marcar com o corretor?

— Pode. Tomara que dê certo.

Marcaram para o dia seguinte.

Pela manhã, as duas foram até o prédio. Assim que Luísa entrou no apartamento, gostou de imediato. Antônia concordou que era um excelente imóvel e somente a três quadras de sua casa.

— Puxa, mãe, quase dá para ver a sua casa daqui — brincou Luísa.

— A vista é maravilhosa e os cômodos bem confortáveis, apesar de pequenos. Eu gostei — Antônia deu seu veredicto.

Luísa perguntou alguns detalhes do prédio para o corretor e o valor definitivo do imóvel. Viu que teria condições de comprá-lo, sem muito esforço. Não era um apartamento grande, mas para ela estava excelente. Poderia caminhar até a praça de que tanto gostava e ir a pé a casa de sua mãe. Era um milagre e uma ajuda divina ter achado aquele apartamento ali. Decidiu fechar o negócio naquele momento e fazer a reserva. O corretor, entre surpreso e animado com a agilidade do acerto, admirava o poder de decisão de Luísa. Antônia concordou que ela havia feito uma boa compra e Luísa também estava feliz!

— Pode almoçar ou jantar em casa quando quiser, viu, filha! — sugeriu Antônia, satisfeita com essa ideia. Luísa, emocionada, abraçou a mãe pelo zelo que sempre teve com ela. Agradeceu a Deus por tê-la como mãe e lembrou-se de que Luís, lá na espiritualidade, também deveria estar feliz com ela por vê-la superando as dificuldades.

*

Assim que chegaram na porta de casa, o telefone começou a tocar e Antônia foi correndo atender. Era Roberta, dizendo que a filha Marcela não estava bem.

— Mas o que ela tem, filha? — perguntou Antônia um pouco agoniada.

— Não sei, mãe. A Marcela está com febre desde ontem. Já dei antitérmico e ela não baixa. Estou com pena dela, está muito abatida, não quer comer nada...

— Calma, Roberta. Deve ser da garganta, alguma gripezinha.

— É, mãe, mas a senhora sabe que eu fico muito nervosa com essas coisas.

— Olha, eu vou dar um pulo aí e ver o que está acontecendo.

— Obrigada, mãe. Eu fico aguardando... — Roberta mostrava aflição na voz.

Ao chegar, Antônia constatou que a neta realmente estava muito abatida. Resolveram levá-la ao hospital.

Após os procedimentos burocráticos de praxe, que agoniaram ainda mais Roberta, Marcela foi chamada para entrar no consultório. Examinada, o médico franziu a testa:

— Dona Roberta e dona Antônia, acho melhor internar a Marcela para alguns exames complementares.

— Internar? Mas por quê? O que ela tem, doutor?

— Assim, somente pelo exame clínico, é difícil identificar a causa dessa febre constante. Aconselho interná-la para monitorarmos melhor o quadro dela.

— Se o senhor acha melhor, assim seja feito — interviu Antônia ao ver que a filha relutava em acatar a decisão do médico.

Roberta pensava no aniversário da filha no dia seguinte.

— E a festinha da Marcela, mãe? Já está tudo marcado. Será que só uma medicação não é o suficiente?

— Roberta, por favor! A festinha nós fazemos em outro dia. Vamos ligar para os amiguinhos e avisar. O importante é a saúde da Marcela.

Roberta ligou para o marido, que veio assim que soube da notícia de que Marcela foi internada. Antônia tentava acalmar a filha e pedia, em oração, a proteção dos amigos espirituais para que tudo ficasse bem com a neta. Em segundos, Luís se aproximou de Antônia e solicitou, em pensamento, a presença de Eustázio, que correspondeu ao chamamento de imediato:

— Meu bom amigo Eustázio, peço sua ajuda para uma situação aflitiva.

— Como está, Luís? O que temos aqui?

— Minha neta foi internada neste hospital com febre alta e diagnóstico ainda incerto.

— Então vamos vê-la, sem demora.

Adentrando ao quarto da menina, Eustázio aproximou-se da cama e solicitou que Luís se posicionasse do outro lado. Perscrutou a cabeça da menina aguçando a visão e, em seguida, pediu a Luís:

— Vamos estender nossas mãos sobre a cabeça e o corpo da pequena e pedir ao Pai que inspire os bons médicos da Terra no atendimento deste caso.

Assim fizeram. Concentrados e em oração, raios luminosos saíam de suas mãos revigorando Marcela, que agora dormia profundamente. Após o passe, Luís permanecia preocupado:

— Será grave, meu amigo? — perguntou com o olhar tenso.

— Nada que a medicina da Terra não possa curar, querido Luís. Às vezes, essas provações surgem em nossa jornada para o fortalecimento de nossa fé, sem dúvida — explicou Eustázio.

— Fico mais tranquilo, meu bom amigo.

— Nada a temer, Luís. Mas permaneça com eles até se sentirem mais fortalecidos em seus ânimos. Tenho que me retirar, Luís. Há outro caso a resolver. Mas, caso necessite, me chame.

— Obrigado, Eustázio. Permanecerei em prece.

*

Antônia decidiu passar a noite com Roberta no hospital. No dia seguinte, seriam feitos mais alguns exames. No momento, a equipe médica tratava de monitorar e controlar a temperatura de Marcela até que os resultados ficassem prontos. Luísa também ficou até tarde da noite com a família e depois foi embora, colocando-se à disposição a qualquer hora da madrugada. Jorge, o pai de Marcela, ficou ainda um pouco mais junto da esposa e da sogra.

Os médicos, antes de todos saírem, vieram conversar com Jorge e Antônia dizendo que tudo levava a crer ser um quadro de meningite e que, se fosse tratada logo no início, tudo ficaria bem rapidamente. Daí o porquê da internação o quanto antes.

Antônia foi levar as informações a Roberta e explicar, agora com calma, os motivos da internação. Roberta se pôs a chorar novamente. Olhava para a filha na cama e chorava. Marcela, agora medicada, dormia. A febre começava a ceder lentamente.

TEMPESTADE E BONANÇA

Durante a noite, Antônia e Roberta se revezavam nos cuidados com Marcela. A temperatura era medida de hora em hora e a febre já se dissipava com a medicação ministrada. Logo cedo, as enfermeiras iriam coletar o líquido retirado da coluna para a realização do exame específico para o caso. Só assim teriam a confirmação do diagnóstico.

Luísa não conseguiu dormir nem um pouco. Também ela pedia aos espíritos de luz que acompanhassem o caso e ajudassem na recuperação plena de sua sobrinha. Ligou para o escritório e avisou que não trabalharia hoje. Em minutos, tomou um rápido café e rumou de volta ao hospital. Quando chegou, soube que já haviam colhido o material e que tudo correra bem. Conversou com Antônia e, claro, achou a mãe abatida após uma noite mal dormida.

— Mãe, vamos descer um pouco e tomar um café. A senhora precisa se alimentar — sugeriu Luísa com firmeza.

— E se a Marcela acordar? — preocupou-se.

— Não tem problema, a Roberta fica aqui e depois desce também, não é, Roberta? — intimou.

— Sim, sim, mãe. Pode ir, vá tomar um café, ver a cara da rua. Depois eu desço e como alguma coisa. Fique tranquila. Não vou sair daqui por nada.

Antônia concordou e desceu com Luísa. Na lanchonete, conversaram sobre o estado de Marcela:

— Ontem, Luísa, fiquei um pouco assustada com a cara que o médico fez quando veio nos contar sobre o que achava do caso dela. O Jorge mal respirava direito, estava ofegante.

— Não é para menos, né, mãe. É um susto.

— Mas eu sei que tudo vai dar certo, filha. Tenho muita confiança na providência divina e na ajuda dos espíritos.

— Puxa, eu gostaria de ser como a senhora e ter essa confiança toda!

— Com o tempo, minha filha, você vai aprender a entregar as provas da vida na mão de Deus e, simplesmente, acreditar que tudo acontecerá como já estava previsto, e que sairemos mais fortalecidos do problema.

Luísa admirava sua mãe cada vez mais. Voltaram para o quarto e Marcela já havia acordado. Apresentava uma aparência melhor, menos abatida.

— Nossa princesa acordou! Que beleza! — comemorava Luísa, brincando com a sobrinha. — Já está até com a carinha melhor — completou.

— É verdade, fiquei tão feliz — emendou Roberta com os olhos cheios de lágrima.

— E como a princesa acordou, agora é hora de a senhora comer alguma coisa, dona Roberta. Venha, eu vou com você! — ordenou Luísa, pegando a irmã pelo braço.

— Isso mesmo, filha, você precisa tomar um lanche — incentivou Antônia.

Luísa desceu com a irmã. Na lanchonete, enquanto esperavam pelo café, Roberta olhava para o nada e não se conteve: chorou copiosamente e extravasou toda a sua tensão. Luísa levantou-se e abraçou a irmã como há muito tempo não fazia. Deixou também escorrer algumas lágrimas pelo sofrimento de Roberta. Agora, unidas pela mesma dor, ambas mostravam-se como verdadeiras irmãs que realmente eram. Uma aura de amor envolveu as duas em uma vibração sublime. Após permanecerem abraçadas por vários segundos, Roberta encarou a irmã em silêncio e ambas acabaram rindo da situação.

— Luísa — disse Roberta —, espero que possamos ficar mais próximas de agora em diante. Gostaria muito que viesse mais vezes em casa e brincasse com Marcela, ela é grudada em você.

— Eu vou adorar, Roberta. Quem sabe, como diz mamãe, as coisas não tem um propósito para acontecer e, agora, estamos iniciando uma nova etapa em nossas vidas?

Roberta sorriu com carinho e abraçou a irmã novamente. "Como será bom poder contar com o apoio de Luísa e tê-la por perto", pensou. No fundo, ela gostava da irmã.

Depois de pagarem o lanche, subiram de volta para o quarto. As enfermeiras informaram que o resultado do exame sairia até a hora do almoço.

Marcela, mais desperta, começava a se alimentar um pouco. Todos ficaram felizes em ver que ela esboçava um sinal de recuperação e, aos poucos, aquela preocupação constante começava a se dissipar.

Conforme prometido, na hora do almoço os médicos entraram com o resultado e confirmaram o diagnóstico inicial: era mesmo meningite. Roberta imediatamente começou a chorar, mas doutor Glauco tratou de tranquilizá-la:

— Calma, Roberta, não é necessário ficar assim. Com os antibióticos que estamos ministrando e o tratamento adequado, eu espero uma evolução bastante positiva e rápida.

— Me perdoe, doutor. A gente fica triste e quer sempre ficar doente no lugar dos filhos.

— Eu sei como é...

— E quanto tempo ela ficará internada, doutor? — quis saber Roberta mais recomposta.

— Bem, para um bom monitoramento, eu queria que a Marcela ficasse aqui pelo menos dez dias. Nesse período, teremos mais condições de avaliações constantes e medicação adequada em caso de necessidade. Em casa, sempre é mais difícil seguir essa disciplina, concorda?

— Faremos tudo o que for melhor para a recuperação dela, doutor.

— Depois desses dez dias, se tudo estiver bem, ela terá alta.

Após as explicações e a diretriz a ser seguida, todos se organizaram para iniciarem o revezamento no hospital a fim de que Marcela tivesse toda a atenção possível. E assim foi feito...

*

Jorge, Antônia, Roberta e Luísa eram incansáveis em fazer tudo pela menina. O revezamento era seguido à risca. Quando um estava no hospital, os outros iam para casa descansar ou trabalhar. Afinal, seriam apenas dez dias, mas que, em determinados momentos, pareciam uma eternidade.

Aos poucos, tudo foi se estabilizando. No nono dia, já sem febre, os médicos estavam confiantes. Colheram sangue de Marcela para um novo exame e verificação se a enfermidade já estava sob controle. Doutor Glauco conversou com Antônia e confirmou que, se tudo estivesse bem com os resultados desse exame recente, Marcela poderia ter alta no dia seguinte.

Antônia, feliz com a notícia, telefonou para a filha e informou Roberta, que descansava em casa, sobre o que o médico havia dito. Mais uma vez, Roberta não conteve as lágrimas, mas agora de alegria.

Com o passar das horas, Marcela já agia como uma criança de sua idade, querendo levantar e brincar. Todos estavam felizes com a recuperação da menina e o ambiente era de gratidão e amor entre todos.

Do alto, Luís acompanhava com Eustázio a recuperação da neta. Também ele estava emocionado e Eustázio o abraçou. Os laços uniam-se do outro lado da vida também e Luís orava e mandava fluidos benéficos para todos de sua família nesta prova difícil. Feliz, falou para Eustázio:

— Querido Eustázio, agradeçamos ao Pai misericordioso pela recuperação de minha neta. Obrigado por estar sempre ao meu lado, me amparando e confortando. Você tem sido um grande amigo e sua ajuda, sem dúvida, tem me feito muito bem!

— Querido amigo Luís, sou nada diante da bondade e da misericórdia de nosso Pai celestial, que a tudo vê e a tudo ampara com seu amor infinito. Acredite que dias melhores estão por vir e que todos sairão mais confiantes diante da prova superada.

E convidou o amigo para uma oração:

— Rezemos agora, Luís. Unamos os nossos corações em uma única vibração de amor: "Pai de infinita misericórdia, aqui estamos para agradecer por sua ajuda e pela melhora de nossa Marcela. Somos aprendizes e ainda temos muito a compreender sobre seus desígnios. Mas, ampara-nos sempre nas horas de dificuldade e faça com que estejamos prontos a transformar nossa fé em um bálsamo para nossas almas e para todos os que nos cercam".

O quarto do hospital se encheu de luz. Somente Luís e Eustázio podiam ver o magnífico cenário que se formou, porém Antônia e Luísa sentiram que algo estava acontecendo naquele momento. Pela mediunidade que ambas possuíam, sentiram uma energia bondosa envolver a todos e Antônia elevou o pensamento em prece. Lembrou-se de Luís. Acreditava que seu esposo estava ali para auxiliá-los e novamente agradeceu a Deus!

Com as boas notícias, a família estava mais relaxada. Roberta disse que continuaria ali ao lado de Marcela. Jorge ficaria com ela até logo mais à noite. Afinal, se tudo corresse bem, iriam para casa na manhã seguinte. Luísa, então, resolveu ir embora com a mãe, estavam dispensadas do rodízio. O cansaço era evidente em Antônia, que aceitou ir para casa com a condição de que, em caso de necessidade, ligassem para ela sem pensar duas vezes. Todos concordaram. Luísa levou a mãe de volta para casa, onde recobraria as energias.

A noite correu tranquila para todos. No hospital, Marcela, já sem febre há três dias, dormiu bem e Roberta conseguiu também repousar. Amanheceu. Passadas algumas horas, os médicos entraram no quarto e disseram a Roberta que poderiam ir para casa. Marcela estava recuperada e de alta hospitalar, porém seguindo orientações para uma cura plena.

Roberta, feliz, abraçou a filha, que também mostrava alegria em saber da notícia. Agradeceu aos médicos e, imediatamente, ligou para Antônia:

— Mãe! Os médicos já passaram e deram alta para a Marcela! Que notícia boa, mãe!

— Que alegria, minha filha! Ela passou bem a noite?

— Sim, dormiu como um anjo. E eu também, para falar a verdade...

— Que bom, Roberta! Vou ligar para a Luísa e daqui a pouco vamos pegar vocês aí.

— Combinado, mãe. Mas não tenha pressa, ainda tem uma burocracia aqui no hospital até estarmos liberados.

Os dias de aflição haviam terminado e todos voltariam para suas rotinas. Antônia pensou consigo mesma, ao desligar o telefone, que percebera uma mudança em Roberta desde que Marcela havia sido internada. Mostrava-se outra pessoa agora. Luísa havia contado para a mãe sobre o abraço que se deram na lanchonete do hospital e o choro convulsivo de Roberta. Antônia havia ficado intimamente feliz e agradecida por, depois de tanto tempo, as irmãs estarem novamente juntas.

Quando Luísa e Antônia chegaram ao hospital, as duas já estavam prontas para sair.

— Marcela, como você está bem! — festejou Luísa abraçando a sobrinha.

— E a vovó? Não ganha um abraço? — disse Antônia, pegando a pequena nos braços.

Após a liberação definitiva do hospital, foram todas para a casa de Roberta. Quando chegaram, Marcela foi correndo pegar a boneca tibetana que Luísa havia dado e disse que estava com saudades dela. Luísa a abraçava e reforçava que, agora, poderia brincar todos os dias com ela.

Roberta mostrava sinais de cansaço e abatimento. Dessa forma, Antônia tomou as rédeas da situação e disse que faria um almoço para todos.

— Puxa, mãe, obrigada. Eu tenho empregada, mas hoje eu queria aquela sua comidinha especial. Não estava mais aguentando comida de hospital.

— Pode deixar, filha. Vá tomar um banho e descansar. Na hora do almoço tudo estará na mesa.

Luísa beijou Roberta, a mãe e a sobrinha, teria que ir trabalhar, não ficaria para o almoço. Mas combinou que voltaria mais tarde para pegar Antônia. Agora, Luísa sentia-se com cabeça para voltar a trabalhar! Tudo, finalmente, estava bem! Durante os dias em que Marcela esteve internada, o corretor havia ligado querendo fechar o negócio do apartamento com Luísa, mas ela havia explicado que, no momento, não estava em condições emocionais de resolver nada. Hoje, pela tarde, retomaria o contato com ele e depositaria o dinheiro da compra do imóvel. Seria mais um problema resolvido.

*

Duas semanas se passaram e os dias que se seguiram pareciam correr a favor de todos. Na sexta-feira pela manhã, Luísa recebeu um telefonema de André convidando-a para ir ao Rio de Janeiro no outro fim de semana.

— Vou sim, André! Que bom que ligou, estava sentindo sua falta! Passamos por uns problemas aqui com minha sobrinha, mas já está tudo bem.

— Ah, que bom. Eu também estou sentindo sua falta. Só não convido para vir amanhã porque tenho uns trabalhos para fazer o dia todo, não vou poder lhe dar a atenção que você merece.

— Não faz mal, eu também não ia poder ir mesmo. Estou de mudança, vou aproveitar este fim de semana e comprar algumas coisas de uso pessoal, pois o apartamento já é mobiliado.

— Olha, que notícia boa! Quer dizer que terei endereço novo para conhecer quando eu for a São Paulo? — brincou André.

— Exatamente — respondeu Luísa —, faço questão que venha conhecer minha nova casa.

Conversaram mais um pouco e Luísa estava feliz. Precisava voltar a viver e realmente estava sentindo a falta de André, sobretudo pela perda de contato nos dias em que a sobrinha esteve no hospital. Temeu que ele a esquecesse, mas não.

Chegado o fim de semana, Antônia foi ajudar a filha com a mudança e a arrumação das coisas. Apesar do trabalho, ambas estavam felizes: Antônia, porque teria a filha perto dela; e Luísa, por já se imaginar ao lado de André no próximo fim de semana no Rio.

As lembranças dos dias passados no Tibete foram inevitáveis. André via em Luísa uma companheira ideal para ele. Luísa alimentava a esperança de ter uma nova oportunidade no amor.

LUÍSA VAI AO RIO DE JANEIRO

Após o término da mudança, Antônia abraçou Luísa. As palavras já não cabiam naquele momento. Luísa sabia o que a mãe queria dizer. O coração de mãe respeitava a decisão da filha de ir ao encontro de seu destino. Antônia adoraria tê-la debaixo de suas asas e lhe proteger, mas tudo seguia o curso natural da vida. Os filhos crescem e, um dia, voam por si só, escolhendo seus caminhos. Cabe aos pais ajudar a caminhada através do auxílio moral e com o amor que brota do coração! Luísa iria recomeçar mais uma vez. Ficou um tempo na casa de sua mãe e isso foi maravilhoso. Mas, agora, queria se dar novamente uma chance de refazer sua vida. Antônia voltaria ao centro espírita depois do período que estivera ausente por conta de Marcela no hospital. Sabia que, para estar com Deus, não era necessário ir a nenhum lugar fisicamente, mas se sentia bem frequentando a casa, ouvindo as palestras e tomando o seu passe.

Paralelamente, a vida de todos seguia o enredo de cada um.

Marcela dava sinais de estar totalmente recuperada. Voltou à escola e Roberta, agora, acreditava que a tempestade pela qual haviam passado realmente fora embora.

Otávio via em seus funcionários os olhares de reprovação e curiosidade sobre sua união com Raquel. Ela esteve durante a semana no escritório e assumiu, aparentemente, a posição de dona de tudo aquilo. Porém, seu passatempo maior era fazer compras, justificando que aquilo tudo era para o bebê. Otávio sabia que ela estava se aproveitando de sua condição de grávida, mas não se sentia com forças para proibir aquela situação.

Já em seu escritório, Luísa não ouvia mais falar de Otávio. Para seus funcionários, nunca houve outro chefe a não ser ela. Todos a admiravam por sua integridade e profissionalismo.

Renata permanecia sendo a amiga fiel de todas as horas.

Dessa forma, as peças iam se acomodando no tabuleiro...

*

Aquela semana estava passando muito rápido e logo chegaria sexta-feira. O fim de semana no Rio de Janeiro, ao lado de André, enchia Luísa de expectativas. Ainda precisava marcar o cabeleireiro até quinta. Enquanto esteve no hospital com Marcela, não teve tempo de se cuidar. Faria isso agora, queria estar bonita para André. Luísa pegaria o voo das dezesseis horas da sexta. Combinaram que, assim que ela chegasse, ligaria para André e ele a pegaria no aeroporto.

Chegara a esperada sexta-feira. Mala pronta, cabelos e unhas impecáveis, Luísa embarcava para o Rio de Janeiro. Ficou feliz por não ter de ficar horas dentro de um avião como fizera para ir ao Tibete. O Rio era logo ali... O dia estava lindo, ensolarado, iluminado. Levou sua câmera. Queria tirar fotos, seu passatempo favorito, ao lado de André. Queria realmente passar um fim de semana só para si, esquecendo-se do mundo.

Assim que desembarcou, ligou para André. Em menos de vinte minutos, ele apontou no saguão e correu em sua direção.

— Luísa, minha querida! Como você está bonita! — disse abraçando-a, envolvendo Luísa com muito carinho.

— André! Você é que está muito bem! Que saudades! — respondeu ela, correspondendo ao rápido beijo.

— Fez boa viagem?

— Ótima, nem dá tempo de pensar em muita coisa, é muito pertinho.

— E também com esse dia lindo e com essa luz — comentou André, olhando para o céu.

— Iluminação já é coisa de fotógrafo — brincou Luísa.

— Bem, você quer tomar um café, comer alguma coisa ou podemos ir para casa?

— Não quero nada, não. Acho que podemos ir.

Luísa estava curiosa para saber onde ele morava e como levava sua vida depois de ter se separado. Ela, agora, estava na mesma situação, começava a se acostumar com a nova condição. Talvez tivesse algo a aprender com André nessa área.

Em poucos minutos chegaram...

André morava no bairro de Botafogo e seu edifício era antigo, mas muito bonito. André a ajudou com a mala e subiram. Luísa sentiu um ligeiro frio na barriga.

O apartamento de André era mobiliado de forma simples, mas bem espaçoso se comparado com o seu que havia acabado de adquirir. Luísa percebeu alguns brinquedos na estante, evidenciando que o filho de André também tinha o seu espaço reservado naquele lugar.

— São as coisas do Lucas — comentou André, vendo a curiosidade de Luísa. — Mas fique tranquila: este fim de semana ele vai ficar com a mãe — pontuou ele, dando risada.

— Ai, André, não falei nada...

— Eu sei, estou apenas brincando.

André colocou a mala num dos dois quartos do apartamento. Não queria forçar nada e Luísa gostou de ver aquela atitude.

— Está com fome? Vou preparar um jantar — disse André.

— Nossa! Não sabia que você era um *chef* — espantou-se Luísa.

— Pois pode se preparar. Morando sozinha você vai ter que aprender a se virar na cozinha — brincou ele.

— Olha, não sou uma expert, mas me viro no trivial.

— Já sei: seu ovo frito é espetacular! — riu André.

— Seu bobo, é mais ou menos isso — riu também Luísa.

O clima era agradável entre ambos. Enquanto fazia o jantar, André abriu uma garrafa de vinho e serviu Luísa, que sentiu o calor da bebida descendo por seu corpo.

Terminado o jantar, os dois se postaram à mesa. André havia preparado um espaguete com cogumelos.

— Hummm, está muito bonito o seu prato. E o aroma também.

— Essa é uma especialidade minha e procuro fazer tudo com ingredientes frescos, nada de caixinhas prontas.

— É bem mais saudável mesmo. Tem um toque de manjericão aqui, não tem?

— Sim, foi para finalizar o prato.

— Muito bom! Agora, vamos ver o sabor!

Luísa começou a comer e disse que estava divino. Acompanhado por rodelas de pão italiano com azeite e orégano ao forno, o jantar foi aprovado. Luísa pediu para que André colocasse mais um pouco em seu prato e André ficou feliz.

— Acho que agora já posso casar de novo, não? — brincou André. — Passei no teste da cozinha.

Luísa ficou um pouco envergonhada, pois ficou na dúvida se André insinuava alguma coisa ou apenas fazia uma brincadeira.

— Está aprovado na cozinha, sim. Agora, só falta achar uma parceira.

A garrafa de vinho já passava da metade e, após o jantar, André levou Luísa para a sala de estar. Pegou algumas fotos que havia feito em sua nova viagem e sentaram-se lado a lado. Luísa mais uma vez admirou seu profissionalismo.

Falaram das viagens dele como fotógrafo e a conversa voltou-se para o Tibete. André disse que as fotos haviam sido muito elogiadas.

— Só que o mérito das fotos não foi somente meu como todos pensavam. Tive uma assistente maravilhosa.

Luísa corou e riu. O efeito do vinho era visível, suas bochechas estavam vermelhas e André a beijou. Luísa agora já não respondia pelo que seu coração ansiava e se entregou a André como da última vez. Passaram a noite juntos...

*

NAS MONTANHAS DO TIBETE

O dia amanheceu lindo mais uma vez. O sol quente banhava o Rio de Janeiro. Já eram dez horas da manhã e Luísa despertou. Viu que André já havia se levantado e procurou se vestir com rapidez.

André entrou no quarto e deu-lhe um beijo de bom dia.

— Dormiu bem? Acho que relaxou bastante. Mas vamos lá: o café está na mesa.

Luísa se surpreendeu com a eficiência de André.

— Puxa, você é um excelente "dono de casa". Até ovos mexidos no café da manhã!

Após o café, André quis saber onde Luísa gostaria de ir. Fazia muito tempo que Luísa não vinha ao Rio de Janeiro, então ela sugeriu rever alguns pontos turísticos da cidade.

— Mas, calma... Preciso pegar minha máquina fotográfica — disse ela.

— O quê? Concorrência dentro da minha própria casa?

— Não se preocupe, não tiro fotos tão bem quanto você. Sou turista, amadora.

— Não sei, não. Se minha revista descobre isso — brincou André.

Resolveram começar o *tour* pelo Pão de Açúcar. André fez questão de levá-la até lá em primeiro lugar. Achava a paisagem de lá deslumbrante e o dia estava bem ensolarado. Lembraram do Tibete: aquela viagem, sem dúvida, agora fazia parte de suas vidas.

A manhã passou sem que percebessem. Quando viram, já havia passado da hora do almoço. Resolveram entrar em um restaurante na orla.

— Estou adorando o passeio, André. Fazia tempo que não vinha para uma cidade do litoral. E estar ao seu lado é muito bom.

André, então, segurou a sua mão e disse:

— Luísa, eu espero, sinceramente, que possamos ter mais momentos com este. Também estou muito feliz de estar aqui com você.

— Se depender de mim, teremos muitos outros momentos.

E trocaram um beijo sutil dentro do restaurante.

Após o almoço, André levou Luísa para caminharem pela praia de Copacabana. Luísa adorou sentir o toque da areia em seus pés e sentaram-se para ver o mar. Depois, caminharam um pouco mais e André prometeu que, amanhã, levaria Luísa para rever mais dois ou três lugares.

— Não se preocupe, André. Teremos outras vezes para fazer turismo. Vamos aproveitar nosso momento juntos, sem grandes compromissos...

André concordou com ela e disse que queria agradá-la de todas as formas. Mas realmente preferia ficar apenas em sua companhia, curtindo o tempo juntos. A passagem de Luísa estava marcada para o domingo, às dezessete horas. Teriam quase um dia a mais pela frente.

No jantar daquele sábado, comeram algo simples que André preparou e tiveram mais uma noite de amor.

No domingo pela manhã, foi Luísa quem preparou o café.

— Espero que tenha ficado tão bom quanto o seu...

— Está ótimo — respondeu André, com a boca cheia.

Era o último dia que ficariam juntos naquele fim de semana. Foram caminhar pela orla mais uma vez e conversaram sobre Lucas, o filho de André, sobre as separações de ambos e as provações que a vida nos coloca.

— Sabe, André, uma coisa que me ajudou muito a superar todos esses problemas emocionais foi a Doutrina Espírita. Consegui me equilibrar e ver os problemas de uma forma diferente. Já leu alguma coisa de Espiritismo?

— Já ouvi falar bastante, Chico Xavier, mas nunca li nada, não.

— Então, da próxima vez que nos encontrarmos, vou emprestar uns livros para você.

— Combinado. Já temos aí outro motivo para nos vermos.

Passearam, descontraidamente e sem grandes compromissos, almoçaram e, num piscar de olhos, o domingo se foi. André levou Luísa até o aeroporto e se despediram com um beijo carinhoso. Abraçaram-se. Tanto Luísa quanto André sabiam que aquela despedida seria apenas uma pausa em suas vidas. Agora, Luísa voltava para São Paulo com a certeza de que veria André mais vezes. Estavam se acertando, talvez fosse o início de um novo romance. Teria muitas novidades para contar a sua amiga Renata.

O avião decolou e Luísa deixava no Rio parte de seu coração, agora quase apaixonado.

AFLIÇÃO PARA UNS, ALEGRIA PARA OUTROS

A semana para Otávio começava como todas as outras. Desde quando assumiu Raquel, havia perdido a vontade e a ânsia de novos relacionamentos e das saídas furtivas. Agora, sua vida era da casa para o trabalho e vice-versa. Não que fosse apaixonado por Raquel, isso nunca seria, mas sua consciência não permitia mais tal comportamento. Todos no escritório notaram sua mudança, assim como Cláudio, seu amigo e advogado. Cláudio sabia que Otávio havia se arrependido de seu comportamento com Luísa. "Talvez a amasse mesmo", pensava.

Naquela segunda-feira, Raquel ainda não havia se levantado da cama. Já estava acordada, mas não se sentia bem. Uma cólica insistia em fazer com que ainda permanecesse deitada. Não entendia o motivo daquela dor, pois tinha ido ao médico havia duas semanas e ele dissera que estava tudo bem com a gravidez. O que será que estava acontecendo, então?

Quando se levantou para ir ao banheiro e trocar de roupa, viu que havia uma mancha de sangue em sua calcinha e também no lençol. Assustou-se e, imediatamente, ligou para Otávio.

— O que foi, Raquel? Acabei de chegar, estou com um monte de coisas para resolver!

— Otávio, escute! Estou com uma dor na barriga que não passa e vi que minha calcinha está suja de sangue, até varou no lençol. Estou com medo!

— Sangue? Olha, calma, Raquel! Fique calma! Já estou voltando para casa. Enquanto isso, deite-se e descanse.

— Por favor, não demore...

Antes de sair, Otávio ligou para o médico e ele orientou que levasse Raquel ao consultório. Suando frio, Otávio pegou sua carteira e saiu em disparada.

Assim que Otávio chegou em casa, viu Raquel chorando:

— Ainda bem que chegou, Otávio. Já tomei os remédios que o médico receitou na última consulta, mas o sangramento não para. Estou com medo de perder o nosso bebê!

— Não diga isso, Raquel, não vai acontecer nada. Logo vai estar tudo bem. Arrume-se e vamos ao consultório ver o que está acontecendo.

Raquel colocou o primeiro vestido que encontrou no armário e saíram. Vinte minutos depois, estavam na sala do médico.

— Quando isso começou, Raquel? — quis saber o médico.

— Não sei, doutor, só sei que hoje de manhã acordei com essa dor e esse sangramento. Não fiz nenhum esforço ontem, garanto.

Terminada a avaliação, o médico achou melhor internar Raquel no hospital para acompanhar a evolução do quadro. Seriam necessários exames de imagem e monitoramento para um diagnóstico mais certeiro.

Raquel não acreditava que isso estava acontecendo e Otávio não sabia direito o que pensar. Ambos ficaram preocupados e atônitos. Embora nunca imaginasse passar por aquela situação e nem envolver-se a tal ponto com Raquel, Otávio já amava o filho que ela esperava. De alguma forma, Raquel fazia parte dele também e Otávio faria o possível para tudo acabar bem.

— Se o senhor acha necessário, doutor, vamos ao hospital agora mesmo.

Com a carta de internação em punho, Otávio e Raquel se dirigiram ao hospital. Vencida a parte burocrática, em minutos Raquel foi instalada em um quarto e, imediatamente, preparados os exames que o médico havia solicitado.

Havia uma certa urgência no trabalho das enfermeiras, o que causou um clima de apreensão entre Raquel e Otávio. Passados mais alguns minutos, Raquel desceu em uma maca para a realização dos exames de imagens.

Como a vida ensina por intermédio das aflições que passamos! Pela primeira vez, Otávio rezou. Estava acuado, com medo, apreensivo por seu filho. Foi, então, que se dirigiu até a capela do hospital. Pediu, fervorosamente, pela saúde de seu filho e por Raquel. A oração sentida é a mais valiosa. Otávio não podia ver, mas, ao seu lado, estava seu avô paterno, Ítalo, que lhe enviava fluidos benéficos para que se acalmasse:

— Meu querido Otávio, às vezes somos colocados em situações de desespero para que, justamente, elevemos nosso pensamento ao Pai. Se não chegamos a Ele por amor, faremos o caminho mais longo pela dor. Mas todos nós, um dia, pediremos ao Pai que nos abençoe e nos proteja, livrando-nos de todas as aflições como esta de agora, meu neto! Que Deus o ilumine!

Otávio não percebia, mas raios luminosos desciam do teto da capela em sua direção. Ele, sentado e concentrado em sua prece, ao seu jeito, recebia os eflúvios vindos do Alto.

Mais aliviado e mais leve, Otávio regressou ao quarto no mesmo momento em que o médico apontava no fim do corredor.

— Otávio e Raquel, tenho boas notícias. Conseguimos estancar o sangramento e os exames de imagens comprovaram que o bebê está bem. Em muitos casos, isso acontece quando há algum deslocamento da placenta, mas já está tudo sob controle. Só peço agora, Raquel, que permaneça em repouso até o final da gravidez. Faltam dois meses apenas... — riu carinhosamente o médico.

— Pode deixar, doutor, se depender de mim, a Raquel não levanta mais da cama — disse Otávio animado, deixando Raquel até satisfeita em vê-lo tão preocupado com ela.

Raquel e Otávio agradeceram a atenção e estavam liberados para irem embora. Quando o médico saiu, pela primeira vez o casal se abraçou com emoção verdadeira, ambos comovidos por terem atravessado aquela situação tensa e preocupante. Os dois, agora, estavam voltados somente para a saúde de seu bem mais precioso que, em breve, nasceria. A partir daquele instante, Raquel e Otávio não seriam mais as mesmas pessoas. Otávio não podia deixar de notar a preocupação sincera de Raquel para com o filho. Otávio, agora, demonstrava carinho e sentimento por Raquel, fato que a fez se sentir amada realmente, o que não havia acontecido nos últimos tempos. A provação e o susto aproximaram os dois e, agora, formavam um casal de verdade.

*

O fim de semana se aproximava e toda a família iria se reunir na casa de Roberta. Estavam devendo uma festinha de aniversário para Marcela. A menina estava plenamente recuperada e Roberta resolveu fazer um bolo só para a família comemorar duplamente o aniversário e a saúde de Marcela.

Luísa estava feliz com sua aproximação com a irmã. Quando Roberta ligou durante a semana para reforçar o convite do aniversário, Luísa pode sentir que ela mudara radicalmente o seu modo de falar. Agora, era uma mulher mais doce e atenciosa. Muitas vezes Luísa se perguntou sobre o porquê de Roberta agir da forma como agia anteriormente com ela. Luísa não lembrava de ter feito nada de grave que pudesse motivar esse comportamento da irmã. "Talvez a origem esteja em outras vidas", pensava. Essa era a única explicação que lhe cabia admitir no momento.

Antônia também ficava feliz em ver, de novo, a união de suas filhas. Luís, na espiritualidade, também agradecia pela reconciliação de Roberta e Luísa. Ele e Eustázio também deram suas contribuições para o bom desfecho do caso.

— Luís — orientava Eustázio —, muitas vezes os caminhos que percorremos nos fazem refletir e mudar nossas atitudes. No caso de Roberta, a enfermidade da filha fez com que ela descobrisse a falta que Luísa fazia em sua vida.

— Sem dúvida, Eustázio. Quando achamos que estamos perdidos no meio da tempestade, esquecemos que o sol se abrirá em breve e o melhor caminho é o da paciência e da reconciliação.

— Muito bem dito, Luís...

Na casa de Roberta, tudo era festa. Marcela estava empolgada com os preparativos, embora sua festa fosse apenas uma reunião com os familiares mais íntimos. Roberta via a empolgação da filha em querer ajudar e agradeceu intimamente a Deus por vê-la tão disposta. Marcela quis por seu melhor vestido, arrancando elogios de Jorge. O pai abraçou a filha também agradecido pela saúde dela.

Assim que Luísa chegou, abraçou a sobrinha:

— Marcela querida, como você está linda!

— Tia! Nossa! Esses pacotes são para mim?

— Claro, espero que goste!

Luísa entregou o presente maior, além de outra boneca que comprou de última hora. Antônia também abraçou a neta com carinho:

— Parabéns, minha netinha querida! Que Deus te abençoe sempre! — desejava Antônia com os olhos fechados, quase em oração.

Sem que ninguém notasse, o espírito Luís, o querido avô, também acompanhava a felicidade da família lá do outro lado da vida:

— Parabéns, Marcela! Receba o carinho aqui do seu vovô — e Luís deu-lhe um carinhoso beijo na testa enquanto Marcela abria um dos pacotes.

Cantaram o "Parabéns pra você", comeram bolo e tomaram refrigerante, entre risos e muita alegria. Todos estavam felizes, indicando que a vida, aos poucos, tomava novos ares.

NASCE O AMOR

Raquel estava agora com oito meses de gravidez. Em uma segunda-feira, acordou indisposta e disse para Otávio que não estava se sentindo muito bem. O companheiro, apreensivo, pediu para ela verificar se havia alguma mancha de sangue novamente no lençol, mas Raquel informou que não havia nenhum sangramento.

— Será que o bebê quer nascer? — pensou Otávio em voz alta.

— Acho melhor ligar para o doutor André, Otávio. Está começando a doer muito.

As cólicas se intensificavam e o médico imediatamente recomendou que fossem para o hospital.

Em quarenta minutos chegaram lá e o médico logo encaminhou Raquel para ser examinada. Depois de alguns minutos, doutor André trouxe a notícia:

— Otávio, Raquel, vamos realizar o parto agora. É uma medida de proteção à criança.

— Mas ainda não estou com nove meses, doutor.

— Faremos a cesariana para evitar complicações futuras, Raquel. Não há problema, confie em mim.

Otávio ficou atordoado. Ligou para a mãe de Raquel, que disse que logo chegaria ao hospital. Raquel segurou a mão de Otávio e ele a beijou:

— Tudo vai dar certo. Fique tranquila. Você está em boas mãos. Logo teremos nosso filho nos braços e seremos muito felizes.

Uma lágrima rolou pelo rosto de Raquel. Sentia que agora Otávio nutria algum sentimento por ela. Ele até já aceitava os pais dela, sem cerimônias ou reclamações. Com esta confiança, ela entrou para a sala de preparação acompanhada pelas enfermeiras.

Otávio rezava. A mãe de Raquel já havia chegado e estava com ele. Ambos pediam a Deus para que tudo corresse bem. No escritório de Otávio, todos já sabiam que Raquel estava no hospital para dar à luz e também ficaram apreensivos.

Após uma hora e meia de espera, o médico veio sorridente de encontro a Otávio, informando que tudo havia corrido bem e que era um menino forte e saudável.

— Graças a Deus! Obrigado, doutor André — agradecia Otávio, soluçando.

— Podem ficar calmos e tomar um café. Raquel está descansando e, quando voltar da anestesia, irá para o quarto. Está tudo bem com ela e com o bebê.

— Mais uma vez, obrigado, doutor...

Otávio abraçou sua sogra e ambos choraram comovidos com a notícia. Ato contínuo, Otávio foi até a capela do hospital agradecer a ajuda divina. Nunca estivera tão próximo a Deus como nos últimos tempos. Sua sogra o acompanhou e oraram juntos em silêncio. Otávio, mais uma vez, elevava seu pensamento em prece e chorou. Sentia-se aliviado. Agora, tudo estava bem. Lembrou-se do início de seu relacionamento com Raquel e da traição a Luísa. Pensou se Deus o estaria castigando por ter feito aquilo. Mas Deus não castiga ninguém, sua consciência é que o punia. Ele esperava, com o tempo, poder reparar todo o mal que causou dando todo amor a seu filho e dedicando-se integralmente à família, com sinceridade de propósitos e de sentimentos.

Raquel já se encontrava no quarto e logo o recém-nascido estava em seus braços. Assim que Otávio entrou, emocionou-se ao ver a cena:

— Que bebê mais lindo! Que surpresa maravilhosa! — e Otávio beijou delicadamente o rosto de Raquel como nunca fizera antes. Ambos trocaram um profundo olhar de emoção e agora suas vidas faziam sentido.

— O doutor André disse que você precisa descansar, não se emocione muito — falou Otávio, emocionado e cuidadoso.

— Está bem, querido. Vou descansar. Mas ele não é lindo? — perguntava Raquel olhando e acariciando a criança.

— Sim, é muito lindo — ria Otávio, abobalhado.

Raquel ajeitou a cabeça, virou um pouco de lado e adormeceu.

Otávio ligou para o escritório e deu as notícias. Os funcionários comentaram e sentiram a felicidade de Otávio no hospital, comoveram-se com a alegria do patrão. Sabiam que a gravidez de Raquel havia enfrentado problemas, mas agora todos compartilhavam esse momento. Reconheceram que Raquel e Otávio estavam vivendo uma nova fase e que, aquilo que começara como um simples caso, transformou-se em amor verdadeiro. Ficaram felizes por isso.

Cláudio, mais que um advogado, um amigo de sempre, ficou sabendo dos acontecimentos e ligou para Otávio, dando-lhe os parabéns, dizendo que, em breve, faria uma visita a eles.

*

Em sua empresa, Luísa também ficou sabendo das novidades por intermédio de uma funcionária amiga que havia permanecido no escritório de Otávio. Ficou feliz em saber do nascimento do filho dele. Hoje, já não nutria nenhum sentimento de mágoa ou de ressentimento. Otávio era passado em sua vida. Queria, efetivamente, que ele fosse feliz com suas escolhas, sua nova companheira e, agora, seu filho. Estava tranquila consigo mesma. Esperaria pelo tempo certo e, se Deus permitisse, também seguraria seu filho nos braços. Luísa se encontrava numa nova fase e, talvez, seu destino fosse com André sendo o pai de seu filho. Quem sabe?

Perdida em seus pensamentos, como se fosse um sinal de Deus, o celular de Luísa tocou e apareceu o nome na tela: era André. Ela riu da "coincidência" e brincou com ele sobre isso, que não estava entendendo nada do outro lado da linha.

— Luísa, depois você vai me explicar tudo isso direitinho. Mas, agora, quero saber se posso ir para São Paulo neste fim de semana. Será que serei bem recebido? — brincou.

— Vou pensar no seu caso — devolveu a brincadeira Luísa —, mas pode vir sim.

Conversaram mais um pouco e combinaram de se ver. Feliz, Luísa tinha a certeza de que queria viver com André para sempre. Havia encontrado um bom companheiro.

*

Em dois dias, Raquel e Otávio traziam o pequeno Pedro para dentro de casa e de suas vidas. Decidiram dar este nome ao menino em homenagem ao pai de Otávio, que, da espiritualidade, acompanhava, feliz, o desenrolar da vida de seu filho e, agora, de seu neto. Pedro agradecia ao Criador, emocionado, a superação das provas que todos haviam atravessado. Hoje, ele tinha a certeza da continuação da vida após a morte do corpo físico. Mas nem sempre fora assim. Havia sido um homem cético e turrão. Agora, na Pátria Espiritual, pode aprender que a vida continuava e era infinita em suas possibilidades. A certeza da imortalidade do espírito, assim que termina a jornada terrena, abrira novas perspectivas na trajetória espiritual de Pedro. Queria também ele ser um novo homem e ajudar o semelhante, principalmente seus familiares.

No bercinho, o pequeno chorava de fome a plenos pulmões. Raquel, ainda sem saber direito como lidar com aquela situação, recorria à mãe, que a auxiliava nos cuidados com o filho. Dona Fátima estava instalada na casa da filha a pedido de Otávio até que Raquel se sentisse segura e recuperada totalmente.

Otávio era pura emoção, embora se sentisse meio perdido e querendo ajudar de alguma forma. Logo assumiu sua posição de pai e, para surpresa de todos, mostrou grande habilidade na troca das fraldas.

Raquel, que no início desejava somente o dinheiro e a vida fácil que Otávio poderia lhe proporcionar, hoje não se importava mais com isso. Estava feliz por estar ao lado dele pelo que ele era e, mais ainda, por ele ter lhe dado seu bem mais precioso: um filho.

*

Luísa e André passaram todo o fim de semana em São Paulo, no apartamento novo dela. Passearam, se amaram, foram a restaurantes e aproveitaram bastante os momentos a dois. Até alguns planos em comum surgiram nas conversas que tiveram. Declararam-se realmente apaixonados um pelo outro, a cada minuto a sintonia entre ambos aumentava.

No fim do domingo, já no aeroporto, Luísa se despedia mais uma vez de André:

— Meu querido, foi muito bom estar com você. Já estou com saudades, acredita?

— Eu é que estou embarcando com o coração apertado. Como podemos resolver isso, hein?

— Você podia mudar para São Paulo!

— Tenho outra ideia melhor: eu podia me casar com você! O que acha? A senhora topa, dona Luísa?

— Casar? André, está falando sério ou é brincadeira de despedida?

— Nada disso, estou falando sério, Luísa! Já somos adultos, separados, estabelecidos, o que nos impede de casarmos? Desde quando a vi pela primeira vez no Tibete, eu senti uma emoção diferente, juro. Eu quero ficar com você. O que me diz?

Sem pensar muito e com o coração acelerado, Luísa aceitou de pronto:

— Puxa, André, estou até emocionada! Minha resposta é sim, sim, sim...

E abraçaram-se forte. Beijaram-se novamente e combinaram de acertar os detalhes o mais rapidamente possível. Conversariam bastante para decidir o que fosse bom para ambos. Mergulhados em intensa felicidade, André beijou-a mais uma vez e foi pegar o seu avião. O fim de semana terminava, mas uma nova vida para os dois estava apenas começando.

Luísa não via a hora de contar a novidade para a mãe e para Renata. Sabia que Antônia a apoiaria, embora ela não conhecesse André pessoalmente. Haveria tempo para isso e Luísa sempre falava muito bem dele. Antônia confiava no discernimento da filha, sobretudo depois da separação. Quanto a Renata, Luísa já ficava imaginando os gritinhos eufóricos da amiga ao saber da notícia. Podia contar com ela também, sempre lhe fora fiel e parceira em todos os momentos.

Voltou feliz para casa e sorria sozinha dentro do carro. Nas próximas semanas decidiriam se morariam no Rio ou em São Paulo. Era uma nova etapa, um novo recomeço...

*

Na semana seguinte, André e Luísa se falaram. Ele queria acelerar a união. Já havia falado com seu filho Lucas, anunciando o casamento com Luísa, já havia comunicado seu editor que não faria mais viagens longas e que gostaria de fazer apenas matérias locais. Precisava de mais tempo com a família.

NAS MONTANHAS DO TIBETE

— Nossa, quantas novidades, André. E o Lucas? Como reagiu?

— Adorou! Quer conhecê-la. E perguntou se terá um irmãozinho para brincar!

— Que fofo! Estou doida para conhecê-lo também — disse Luísa um tanto emocionada pela ideia de ter um filho.

— E sua família? Foi tudo bem?

— Foi ótimo! Minha mãe é dez, apoiou totalmente, minha irmã ficou até emocionada e a Renata, minha amiga quase irmã, não parava de gritar no telefone quando lhe contei.

— Pois quero conhecer todos — afirmou ele, animado.

— Vai conhecer, meu querido, vai conhecer...

— E vamos ser muito felizes, Luísa, pode ter certeza disso. Eu te amo!

— Eu também te amo, André.

NOVOS TEMPOS

Na semana seguinte, fazia muito frio em São Paulo. Luísa colocou um casaco bem pesado para ir trabalhar. Fez um café quente e foi para o escritório. Sua vida profissional ia bem, conseguira mais clientes para a empresa e, aos poucos, solidificava cada vez mais a sua credibilidade no mercado. Ela sempre fora mais competente que Otávio, que nem formado em Contabilidade era. Mas, como ele sempre esteve à frente dos negócios, Luísa ficava despercebida atrás de sua mesa. Agora, não! Ela comandava tudo e estava se saindo muito bem.

Mal chegou ao escritório e recebeu uma ligação de André, comunicando que seu editor o havia chamado para dizer que aceitava a proposta que ele havia feito. Ficaria mais com as matérias locais e, eventualmente, seria escalado para coberturas especiais ou mais complexas. A revista sabia que André era um excelente profissional e não queria perdê-lo para a concorrência. Ele avisou Luísa que conversaria com Carla, sua ex-esposa, naquela noite. Achava importante a conversa, colocaria a mãe de Lucas a par dos novos fatos e diria a ela que agora poderia ficar mais perto de Lucas por mais tempo. Esperava que ela não colocasse empecilhos na nova situação que se avizinhava. Por fim, os dois, André e Luísa, ficaram muito felizes com as novidades e aproveitaram a ligação para algumas juras de amor e projetos para o futuro.

Mal desligou o telefone e ele tocou de novo. Era Renata:

— Luísa! Nossa, faz meia hora que estou tentando ligar para você! Acabou a bateria do seu celular?

— Em primeiro lugar, bom dia, Renata — brincou Luísa. — Eu estava falando com o André, ele estava me contando as novidades no seu trabalho, nas coisas com o seu filho. E namoramos um pouco, né?

— Eu vi! Puxa, isso é que é amor!

— Ah, estou tão feliz, Renata. Acho que agora vai dar tudo certo...

— Já deu, Luísa, já deu. E já que você está cheia de amor para dar, queria passar na sua casa hoje para entregar o convite das minhas bodas de prata.

— O quê? Bodas de prata? Já?

— Isso mesmo, querida. O tempo passa, não? E eu vou fazer uma festinha, queria que vocês viessem, você, sua mãe, todo mundo.

— Estou chocada, amiga! Bodas de prata! Sim, vá lá em casa no fim da tarde, vamos tomar um café com bolo.

— Combinado. Cinco e meia passo lá.

Renata era mais velha que Luísa e havia casado cedo. Demorou para ter a primeira filha, mas, logo depois de dois anos, seu segundo filho nasceu. Ao rever a lista de convites, ela pensava em como tudo passara tão rápido. Seu casamento não era perfeito, claro, mas tinha em seu esposo o aconchego e a compreensão que via faltar em muitos relacionamentos e seus filhos eram crianças adoráveis. O que mais podia querer? Estava feliz por ter construído uma linda família e, agora, comemorariam vinte e cinco anos de união. Esperava completar mais vinte e cinco para poder ver seus netos e brincar com eles.

Na hora do almoço, Luísa combinou com sua mãe de irem almoçar no shopping. Antônia foi direto e, ao meio-dia, encontraram-se na entrada.

— Chegou bem, mãe?

— Ah, sim. Eu vim de táxi para não atrasar.

— Fez bem...

Foram andando pelos corredores e Luísa parou em uma livraria para comprar um livro espírita que haviam recomendado para ela. Era um romance e o enredo contava as relações de uma família através de sucessivas vidas e como a atual existência estava sendo útil para o resgate das situações mal resolvidas do passado. Aproveitou para comprar *O Livro dos Espíritos*, de Allan Kardec, para presentear André. Esperava que ele gostasse do presente e tomasse contato com a Doutrina Espírita. Teriam muitas coisas a falar a respeito.

Quando saíram da livraria em direção à praça de alimentação, Luísa estremeceu. Em sua direção vinham Otávio e Raquel com um carrinho de bebê.

— O que foi, Luísa? Quase me arrancou o braço — reclamou Antônia.

— Olha quem vem vindo aí na frente, mãe.

Antônia procurou localizar quem era e não havia mais tempo para desviar. Tiveram que se falar:

— Luísa, que surpresa! Como vai, dona Antônia?

— Eu é que digo, que surpresa, Otávio — respondeu Luísa. — Nossa, como seu filho já está grande!

— É, o tempo passa rápido mesmo. Viemos comprar roupinhas novas para ele, já perdeu todas que ganhou no enxoval.

Raquel achava desconfortável aquela situação e não pronunciava uma palavra. Antônia também permanecia em silêncio, apenas havia feito um leve cumprimento com a cabeça e colocado um sorriso forçado no canto da boca.

— Fico feliz, Otávio. Ele realmente é lindo. Desejo muita sorte a vocês.

— Obrigado, Luísa. Boa sorte para você também.

E seguiram seus caminhos, em direções opostas.

— Puxa vida, mãe, que situação. Acho que perdi o apetite.

— O que é isso, filha? Deixa para lá. Logo você também vai estar comprando roupinhas para o seu bebê, você vai ver...

— Será, mãe? Será mesmo? — e uma lágrima correu pelo rosto de Luísa.

— Claro que vai. Confie em Deus, você vai ser feliz.

Mais reconfortada com as palavras da mãe, foram escolher o que iriam comer.

*

Luísa voltou para casa às cinco horas. Renata deveria estar a caminho. Arrumou a mesa, colocou o bolo e, quando estava fervendo a água para o café, Renata tocou a campainha.

— Chegou na hora, Rê! Que alegria! — abraçaram-se.

— Como você está linda, Luísa. Uma cara de quem está de bem com a vida.

— Ah, estou feliz, sim, Renata. Não fosse o fato de ter encontrado Otávio e Raquel na hora do almoço no shopping...

— O quê? Você viu os dois?

— Vi e falei com ele! Estavam com o bebê, foram comprar roupinhas novas. Minha mãe ficou com uma cara!

— Ah, sabe, Luísa, o negócio é deixar o Otávio para lá. Ele que seja feliz com a família dele. Logo mais você vai ter a sua própria família. E o pacote já vem com filho e tudo! — riram.

— É verdade, Rê. Vou ter um filho de dez anos, veja só. Se bem que o Lucas perguntou para o André se ele iria ganhar um irmãozinho para brincar com ele.

— Eita, olha a cegonha voando — gritava Renata, eufórica. — E vocês decidiram onde vão morar?

— Renata, acho que vamos ficar no Rio. Ele tem o trabalho dele, tem o Lucas, ele é louco pelo menino.

A amiga sentiu um aperto no peito só de pensar que Luísa ficaria longe dela. Eram amigas de muitas encarnações. Luísa percebeu que Renata havia ficado triste, sabia o que ela estava sentindo.

— Mas não pense que vai se ver livre de mim, não — brincou Luísa. — Você vai para o Rio de Janeiro me visitar, ora bolas...

— Sim, claro que vou, vou sim... — afirmou Renata sem muita convicção olhando para o café, entristecida pela notícia.

Mudaram de assunto, falaram dos preparativos da festa de bodas de prata e se deliciaram com o bolo. A distância não acaba com a verdadeira amizade. Ela permanece vibrante dentro de cada coração, não importa onde estejam.

PLANOS E PROJETOS

Renata amanheceu feliz. Seria hoje o dia de comemorar suas bodas. Recebeu, logo pela manhã, um buquê de flores do marido e agradecia a Deus por poder viver este momento.

À noite, com os filhos, o esposo e a família, Renata recebia os amigos mais íntimos para a comemoração. Luísa e Antônia chegaram a abraçaram a anfitriã com emoção.

— Renata, como você está linda! — elogiou Luísa.

— Parece uma rainha! — emendou Antônia.

— Que bom tê-las comigo esta noite — agradeceu Renata. — Vocês são muito especiais na minha vida.

— Não perderíamos este momento por nada — emocionou-se Antônia.

— Renata, você sabe o quanto nossa amizade significa para mim — e abraçaram-se novamente com muito carinho.

Após a cerimônia e o jantar, simples, mas repletos de afetividade e amor, todos se despediram e a noite foi inesquecível. No dia seguinte, Renata faria uma breve viagem com o marido como uma segunda lua de mel. Os filhos ficariam com os avós maternos. Seria apenas uma semana, mas Renata estava feliz com o passeio, o que importava era o sentimento envolvido na viagem.

*

Na manhã seguinte, André ligou para Luísa e combinaram de ela ir para o Rio no próximo fim de semana. Queria apresentar Lucas para ela e falar sobre o casamento, não queria mais esperar tanto tempo. Comentou que Lucas havia ficado muito contente em saber que passaria mais tempo com o pai. Carla havia aceitado bem os novos projetos do marido e tudo caminhava para uma harmonia. Falariam mais a respeito no fim de semana.

— Ah, André, aproveitei que fui ao shopping e comprei o livro sobre Doutrina Espírita que havia lhe falado. Espero que goste.

— Obrigado, Luísa, quero ler, sim. Quero aprender um pouco mais sobre o assunto, acho que vai fazer bem a todos nós.

Desligaram. Antes de sair para o trabalho, Luísa ainda teve tempo de conversar com sua mãe sobre a mudança que sentia em sua vida.

— Sabe, mãe, acho que minha mudança interior começou no Tibete. Desde que fui para lá, algo aconteceu. Aqueles mosteiros, aquela paz, os mantras entoados, a simplicidade com que os monges levavam suas vidas, acho que tudo isso me tocou.

— Eu concordo, minha filha. Logo que você chegou, vi em seu rosto alguma coisa diferente. Você passou a acreditar na paz, na paz interior. E essa é a verdadeira viagem que devemos fazer na vida: a viagem interior para conhecermos a nós mesmos.

— Um dia ainda pretendo voltar para lá. A gente aprende a dar valor às pequenas coisas, aos pequenos atos, tudo ganha um novo sentido na vida.

Antônia sorriu satisfeita com o pensamento da filha e, intimamente, pediu que Deus a abençoasse e trouxesse felicidade a ela. Na espiritualidade, Luís e Eustázio entravam na mesma faixa vibratória de Antônia e uniam-se a ela na prece silenciosa.

*

Chegado o fim de semana, lá estava Luísa desembarcando novamente no Rio de Janeiro. André a esperava e, desta vez, estava acompanhado por Lucas. Beijaram-se e André apresentou:

— Luísa, este é o Lucas. Lucas esta é a Luísa — e gesticulava como um mestre de cerimônias.

— Lucas, como vai? — abaixou-se Luísa para beijar o menino. — Puxa, mas você já é um homenzinho. Seu pai não me falou que você tinha esse tamanho — descontraiu.

— E meu pai não me falou que você era assim bonita — comentou Lucas com toda a espontaneidade.

— Ah, obrigada pelo elogio — agradeceu Luísa, olhando para André completamente encabulada com a fala do garoto.

— Bem, vamos para casa. A fome está batendo...

Foram para o apartamento. André estava feliz com a sintonia inicial estabelecida entre Lucas e Luísa. O menino demonstrava empolgação e conversava bastante. Explicava que ajudaria a fazer o jantar com seu pai e que tinham comprado ingredientes especiais.

— De sobremesa teremos bolo com sorvete! — anunciava Lucas, animado.

— Uau! Será um jantar muito especial, hein? Adoro bolo com sorvete — participava Luísa, deixando Lucas bem à vontade.

Assim fizeram. Depois do jantar, Lucas, cansado, adormeceu no sofá. André, cuidadosamente, o levou para a cama. Voltou sorridente.

— Esse menino não existe! — dizia o pai, rindo das coisas que o garoto havia falado durante o jantar.

— Ele é muito esperto, André! Nossa, adorei o Lucas! Que menino esperto e independente, cheio de opinião — ria também ela.

— Ele sempre foi assim, desde pequeno. Opinião é o que ele mais tem.

— Eu gostei muito dele.

André se aproximou de Luísa no sofá e a envolveu em um abraço. Olhando-a nos olhos, falou com sinceridade:

— Luísa, queria que você soubesse que há muito tempo não me sinto tão feliz.

— E eu também, André. Pode ter certeza disso.

— Bem, já que estamos felizes, vamos resolver nossas vidas? Creio que poderíamos nos casar no fim do ano, o que acha?

— Por mim, tudo bem, André, podemos sim.

— Mas precisamos definir uma coisa importante, Luísa. Onde vamos morar? Você tem uma empresa em São Paulo, eu tenho meu trabalho e um filho no Rio. Como vamos fazer?

— Olha, André, eu sinceramente pensei muito sobre isso e decidi o seguinte: não quero ser um empecilho em sua vida, não quero entrar em sua vida para ser mais um problema. Você tem seu filho, precisa estar com ele, conviver com ele. Então, eu venho morar no Rio. O que vale é o nosso amor.

— Mas e o seu escritório, Luísa? E a sua mãe?

— O escritório, eu vou deixá-lo com o Gustavo. É um funcionário de confiança e gerencia muito bem as coisas. Talvez eu até abra uma filial aqui no Rio, quem sabe? Vou acompanhar a empresa, claro. Irei periodicamente a São Paulo, mas creio que o Gustavo dará conta de tudo. Quanto à minha mãe, sei que vou sentir muita falta dela, eu a amo muito, mas ela ainda é nova, tem boa saúde e, qualquer necessidade, ela tem a Roberta, que pode dar todo o suporte.

— Você confia plenamente na Roberta?

— Sim, você sabe que ela melhorou muito o jeito dela? Depois da doença da Marcela, ela está mais próxima da minha mãe, está ouvindo mais as coisas que ela fala e até estão indo no centro espírita juntas. É verdade! Ela é outra pessoa. Por isso estou tranquila a esse respeito.

— Se é assim, meu amor, quem fica muito feliz e agradecido sou eu — André abraçou Luísa com muita ternura. — Você sabe, aqui tenho o Lucas. Se não fosse por ele, até iria para São Paulo. Mas não posso ficar longe de meu filho. Enfim, então, resolvido: ficaremos por aqui. Preciso apenas fazer umas reformas aqui no apartamento para ficarmos melhor instalados.

— Vai dar tudo certo, querido. Você vai ver.

No domingo pela manhã seguinte, Lucas já estava de pé para ajudar André a preparar o café. Luísa acordou em seguida e ficou feliz com a convivência que se estabelecia entre todos. Comeram, depois passearam juntos e Lucas ficava cada vez mais à vontade com a futura esposa de André. O menino até pegou na mão de

Luísa enquanto andavam, ela se emocionou. "Será que já conheço Lucas de outras vidas?", pensou ela, sorrindo para o garoto.

No fim do domingo, despediram-se com muito carinho, Luísa abraçou Lucas dizendo que havia adorado tê-lo conhecido. O menino, educado, respondeu que havia gostado muito dela também. André beijou Luísa, combinaram de se falar e se ver mais para acertarem os detalhes de tudo e ela embarcou de volta a São Paulo.

Chegando em seu apartamento, Luísa ligou para a mãe a fim de contar as novidades e as decisões que haviam tomado.

— Filha, você sabe que tem todo o meu apoio. Claro que vou sentir a sua falta, mas eu entendo, o André tem um filho — dizia Antônia com a voz embargada.

Luísa, com lágrimas escorrendo, tentava amenizar a tristeza.

— Mãe, não será um bicho de sete cabeças. Estarei em São Paulo quase sempre por conta do escritório. E a senhora poderá ir me ver quando quiser, ficar uns dias lá.

— Claro, filha, não se preocupe. Farei isso, sim. O que importa é a sua felicidade.

— Depois do casamento, podemos passar o Natal e o Ano Novo no Rio, ver os fogos na praia. O que a senhora acha?

— Vamos ver, filha. Deixa as coisas caminharem. Ainda estamos no inverno.

Apesar das lágrimas incontidas e silenciosas que ambas derramavam, Luísa, interiormente, sentia-se empolgada com esta mudança em sua vida. Realmente estava amando André e era correspondida. Não perderia esta chance. Ambas, ela e a mãe, com certeza se adaptariam a esta nova realidade que se impunha.

*

Nos meses que se seguiram, as coisas foram se ajeitando para cada um.

As viagens se tornaram uma rotina para André e Luísa e decidiram fazer uma cerimônia simples antes do final do ano em São Paulo, já que a família de Luísa era maior que a de André. No escritório, Gustavo já administrava os negócios e sempre agradecia a confiança de Luísa.

Roberta via Marcela cada vez mais recuperada, brincando feliz. Sentia-se aliviada por tê-la agora com saúde. Agora, era uma frequentadora assídua do centro espírita ao lado de Antônia. Aprendia, com as palestras e as leituras, sobre o verdadeiro significado da vida. Antônia, satisfeita, observava o desenvolvimento da filha e, em pensamento, se unia a Luís, agradecida pelo zelo do esposo, na espiritualidade, para com a família aqui na Terra. Eustázio, o companheiro de todas as horas, sorria bondoso com o desenrolar dos acontecimentos.

Agora chegara a vez de Otávio saber dos planos de Luísa. Embora os escritórios fossem independentes desde a separação, ficou sabendo das notícias por Cláudio. Otávio ficou feliz e aliviado por saber que Luísa também seguia sua vida e se dava uma nova chance. O destino fez com que não permanecessem juntos, mas era preciso seguir em frente e não ficar remoendo o passado. Otávio foi um dos que mais aprendeu com as lições da vida. Ao olhar para o filho no berço, viu que o amor que sentia por ele o transformara num outro homem. Raquel também havia se modificado. Seus planos iniciais com relação a Otávio haviam tomado outro rumo. O medo de perder seu filho fez com que seus valores fossem revistos. O que era realmente importante na vida? Hoje, ela agradecia a experiência de ter se tornado uma nova mulher e poder cuidar de seu bebê.

Todos amadureciam em mais uma jornada terrena.

O AMOR EM PRIMEIRO LUGAR

Faltavam dois meses para o casamento. Junto com Antônia, Luísa começava a distribuir os primeiros convites para a cerimônia.

André ligou e avisou, contente, que já havia terminado a reforma no apartamento. Em pouco tempo, teria Luísa morando junto dele em um novo lar.

Luísa levou Renata para que ela visse a primeira prova de seu vestido de noiva.

— Está lindo, Luísa! Você vai ficar uma noiva linda!

O vestido era simples, como pedia a cerimônia, mas Luísa fazia questão de que tudo estivesse perfeito. Olhou novamente para o espelho e ajustava alguns detalhes:

— Concordo, Renata! Vai ficar bonito mesmo — dizia Luísa, pensando que, desta vez, seria muito feliz.

*

As semanas finais voaram e estava tudo pronto para o casamento. André chegara com os pais e o filho Lucas. Ele e o menino ficariam hospedados na casa de Roberta, assim Lucas teria a companhia de Marcela para brincar. Os pais ficariam na casa de Antônia, com mais espaço para o casal. Roberta, com gentileza, ofereceu um jantar para comemorar a união de sua irmã com André. Todos ficaram felizes com a iniciativa e era o modo que Roberta havia encontrado para se desculpar com Luísa por todos os desentendimentos ocorridos entre ambas ao longo da vida.

No grande dia, Luísa pediu que Renata fosse até sua casa para ajudá-la a arrumar-se.

— Rê, estou nervosa — dizia Luísa um tanto afobada e ofegante.

— Calma, garota! Hoje é o seu dia de ser feliz! Não vai doer nada, você vai ver — respondia Renata, rindo da amiga e ajustando a roupa em Luísa.

— Estou bem? O que acha?

— Está linda, Luísa. Linda! Seus olhos estão brilhando.

— Ai, Rê, obrigada! — e abraçaram-se com duas verdadeiras amigas de longa data.

Luísa, finalizando os retoques, abriu uma caixa que sua mãe havia lhe dado de presente. De dentro, tirou um colar de pérolas que fora de sua avó. Ficou emocionada e pediu para que Renata a ajudasse a colocá-lo. Ficou perfeito.

No salão onde seria feita a cerimônia e a recepção, todos aguardavam a chegada de Luísa.

Ela apontou na porta. Luísa entrou com Marcela e Lucas a sua frente. Ao som de suave música, ela caminhou até a mesa onde André e o juiz aguardavam para o início da cerimônia. Quando se aproximou, os olhos de André estavam iluminados:

— Você está linda, meu amor.

Ao lado da porta, Luís e Eustázio compartilhavam o sentimento de todos e mandavam boas vibrações para Luísa e André, desejando muito luz para o casal. Estiveram presentes em vários momentos desta história de amor.

André fez os seus votos e colocou a aliança no dedo de Luísa. Ela fez o mesmo e o juiz disse algumas palavras, permitindo, por fim, o beijo do casal, dando por encerrada a cerimônia. Todos, emocionados, batiam palmas. André e Luísa começaram a receber os cumprimentos dos convidados. Antônia abraçava-se a Roberta e Renata não parava de chorar. Sabia que iria sentir muitas saudades de Luísa, mas queria a felicidade da amiga. Logo iria visitá-la.

Teve início a recepção com um coquetel e depois um almoço.

*

No dia seguinte, André e Luísa embarcaram para uma curta viagem de lua de mel numa cidade serrana. Seriam poucos dias. Lucas voltou para o Rio de Janeiro com os pais de André.

Quando chegaram, já instalados no bonito hotel, o friozinho do lugar fez o pensamento de Luísa voltar no tempo. Virando na cama para André, ela refletiu:

— Ah, meu amor, veja como são as coisas. Tempos atrás fui para o Tibete à procura de quietude para esquecer o que havia acontecido comigo. Queria fugir de tudo e de todos. E o que aconteceu? Encontrei você! Sinceramente, não esperava que o destino fosse me dar este presente para me fazer tão feliz!

André a abraçou e a beijou. Agora, começariam uma nova vida e formariam uma linda família. Quem sabe as histórias de amor que os livros contam não sejam realmente verdades?

Deus, em sua infinita bondade, mostra-nos que sempre é preciso esperar o tempo certo para que tudo ocorra em nossa vida da melhor forma possível. Basta ter fé!

FIM

Obras de Mônica Antunes Ventre
Pelo espírito Julius

NOTÍCIAS DO CORAÇÃO

Juliana era uma jornalista dedicada. Escalada para a sua primeira grande investigação jornalística, ela deveria cobrir um escândalo de desvio de verbas e impostos na indústria têxtil "Algodão em Fio", uma gigante do setor. Com muito cuidado, ela consegue chegar à sala de Fernando Brandão, empresário que herdou a indústria depois da morte de seu pai. Eram muitas informações e Juliana, aos poucos, vai descobrindo um outro homem na figura de Fernando Brandão.

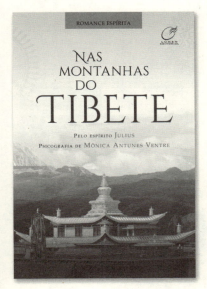

NAS MONTANHAS DO TIBETE

O chão de Luísa se abriu quando ela pegou o marido em flagrante traição no escritório de contabilidade em que eram sócios. Como ele pode fazer isso dentro da própria empresa que construíram juntos? Otávio era engenheiro, estava desempregado. Luísa era formada em Ciências Contábeis, tinha um excelente emprego, mas renunciou a tudo para abrir o escritório com ele. Desiludida e inconformada, Luísa resolve viajar e se afastar de tudo aquilo por um tempo. Num impulso, atraída por uma revista de turismo, decide ir para o Tibete em busca de um pouco de paz e de renovação.

Leia os romances de Schellida
Psicografia de Eliana Machado Coelho

PELO ESPÍRITO JOÃO PEDRO

Obras da médium Maria Nazareth Dória

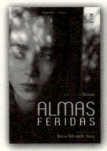
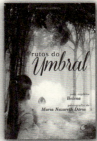

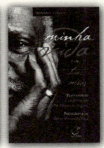

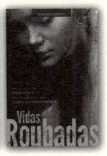

Impressão e acabamento:

tel.: 25226368